顾问 王立兵 陈向军 王锋

为民奉献者的人生道路

——立志修身，博学聚才，理家敬业

周启先 著

武汉大学出版社
WUHAN UNIVERSITY PRESS

图书在版编目(CIP)数据

为民奉献者的人生道路:立志修身,博学聚才,理家敬业/周启先著.—武汉:武汉大学出版社,2020.7(2021.11 重印)
ISBN 978-7-307-21478-1

Ⅰ.为…　Ⅱ.周…　Ⅲ.大学生—人才成长　Ⅳ.G645.5

中国版本图书馆 CIP 数据核字(2020)第 072955 号

责任编辑:聂勇军　　责任校对:李孟潇　　版式设计:韩闻锦

出版发行:**武汉大学出版社**　(430072　武昌　珞珈山)
(电子邮箱:cbs22@ whu.edu.cn　网址:www.wdp.whu.edu.cn)
印刷:武汉邮科印务有限公司
开本:720×1000　1/16　印张:12.5　字数:156 千字　插页:4
版次:2020 年 7 月第 1 版　2021 年 11 月第 2 次印刷
ISBN 978-7-307-21478-1　定价:32.00 元

作者简介

周启先（又名周继东），男，1945年11月生，湖北省武穴市花桥镇兰杰村下周垸人。中共党员，黄冈师范学院教授。

1970年7月毕业于武汉大学历史系。曾从事广济县（今武穴市）余川高中语文、历史、政治课程的教学和教导工作。1984年调到中共黄冈地委（今黄冈市委）党校工作。1987年春调入黄冈师专（今黄冈师院）工作，并先后担任政史系（今政法学院和马克思主义学院）历史教研室主任、主管教学工作的系副主任、学校教务处副处级调研员等。先后讲授过世界通史、中国通史、中国革命史、共和国史、中共党史、马克思主义基本原理、毛泽东思想、邓小平理论、毛泽东思想和中国特色社会主义理论体系概论、中国近现代史纲要以及在全校开设的任选课毛泽东人际艺术与现代交际、毛泽东读史鉴史用史、为人处世的学问与艺术等20多门课程。

2006年春退休后，继续从事三门课程即政治、历史、自主开设的校级任选课教学长达11年，同时担任学校视导员10年。另外，还担任过湖北省世界历史学会常务理事、新四军历史研究会理事等职。

自1986年以来，独著出版了各20多万字的学术专著《毛泽东廉政思想研究》《毛泽东读史鉴史用史》和《为人处世的学问与艺术》。另外，合著或合编出版了《鄂东近代革命史简编》（主编）、《中国现代风云纪实》（副主编）、《鄂东革命史略》（编委）和《世界近代史简编》（编委）等书。在《武汉大学学报》《江汉论坛》《华中师范大学学报》等多种核心期刊发表论文10余篇，在《党校论坛》《航空教育》《江汉大学学报》《荆州师专学报》《黄冈师专学报》等多个刊物发表论文20多篇。主要研究方向为中共党史、中国革命史、中国近现代史、世界近现代史、毛泽东和毛泽东思想。

60大寿时留影

与子女同游上海东方明珠电视塔

参访宋庆龄文物馆

与爱人游访

菜地劳作时留影

序

本书的作者是历史学教授，我在黄冈师专（今黄冈师范学院）读书三年时的课任老师和班主任。在校期间，老师深深地爱着我们，对我们言传身教，工作兢兢业业，非常好地尽到了教师教书育人的职责。他以身示范，从立志修身、为人处世、学习科学文化知识和技能、锻炼体魄等方面给我们以谆谆教诲，使我们在这些方面都得到了显著提高，为我们参加工作后爱岗敬业，为祖国和人民做出贡献乃至突出贡献奠定了良好的基础。我们这些同学非常感谢先生，先生的恩情牢记在心，永远不会忘怀。先生的大作问世，请我为之作序，本不敢从命，担心有负先生的重托和厚望，但念及先生的教诲之恩，更为先生的高尚品德和敬业精神所感动，故还是欣然命笔。

恩师出身于贫苦农民家庭，从幼年时起就经受了艰苦生活的磨练。他从小学开始立志修身，砥砺意志品德，刻苦学习科学文化知识和技能，博学聚才，还坚持锻炼体魄，这为他后来参加工作，勤奋敬业，为祖国和人民做出贡献、有所作为打下了坚实的基础。1970 年，他从武汉大学毕业后，先在广济县（今武穴市）余川高中任教 10 多年，同时担任毕业班的语文和政治，或语文和历史两门课程的教学工作，所教课程每届学生高考的成绩均列全县 10 名之前。他还先后担任余川高中语文教研组组长和学校教导主任工作。1984 年，恩师从余川高中调到中共黄冈地委（今黄冈市委）党校工作，1987 年春由党校调入黄冈师范专科学校（今黄冈师范学院）任教。在党校和师院期间，恩师对教学工作、科研工作和所从事的领导工作都是认真敬业的，因此取得了较大成就。所教 20 多门课程，都受到学生、老师和领导的肯定和赞扬。在科研方面成果丰硕，出版学术专著七部，其中 20 多万字的独著《毛泽东廉政思想研究》（武汉大学出版社 1995 年出版），由当时任中共湖北省委常委、纪委书记丁凤英同志题词；黄冈电视台和湖北电视台先后在新闻节目里予以报道，其中有如下表述："这本书系统地阐述了毛泽东廉政思想的形成、发展和实践要求，立意新颖，思路开阔！该书不仅填补了我国在毛泽东廉政思想研究方面的空白，而且对我党进行反腐斗争，加强廉政建设具有深刻的现实意义。"《人民日报》1996 年 11 月 22 日第五版将此书作为好书的典型予以报道。报道说，武汉大学出版社"多年来陆续出版了《毛泽东廉政思想研究》和《爱国主义教育文库》等一批受读者欢迎的健康读物，受到各界好评"。《毛泽东读史鉴史用史》（独著，20 多万字）由中国文联出版社于 2002 年出版，该书亦受到专家学者、老干部和学生的好评。

恩师在 2006 年退休之后仍坚持上两门必修课和一门校级选修课，长达 11 年之久，还应学校和政法学院的聘请，担任了长达 10 年的教学视导员一职。从 2017 年开始，年逾古稀的恩师还带病撰写书稿。恩师的不服老、与疾病抗争，做到老有所用、老有所为的敬业奉献精神实在令我们晚辈学生钦佩，我们决心向恩师学习，并将此书所讲的思想观念和实践经验一代代传承下去。

恩师的大作立意新颖，主题鲜明，重点突出，层次清楚，逻辑性强。本书对理论观点的阐述有理有据，有血有肉，全面系统，学术性强、可读性强、实用性强，还有创新性和前瞻性。就创新性而言，如书名用"为民奉献"而不用"为国奉献"，其理由至少有两点：一是民是国之本，国为民服务，“得民心者得天下，失民心者失天下”；二是国存在于人类历史的一定阶段，到了共产主义国则自行消亡，但人民是永远存在的，是不会灭亡的，即使地球毁灭，那时因科技发达，人民也可以提前转移到适合人类生存的星球上去。再如，一般来讲，书稿的作者都是请自己的领导或专家学者或自己的老师同学来撰写序言，而我的恩师却是请自己的学生来写，这就是创新。恩师对我说，他当了一生的教师，与学生交往一辈子，深爱着自己的学生，期望并相信学生在做人、理家和敬业方面超过自己，以学生在事业上取得的成就和家庭幸福方面超过老师而感到欣慰和自豪。此书的价值还表现在书中所讲的理论观点和实践经验是永不会过时的，子子孙孙都可借鉴。

应恩师的诚心厚意之邀请，只好关公面前耍大刀，讲出了上述真心实意的话，以充恩师大作之序。不当之处肯定不少，敬请读者和恩师赐正。

胡华文

2019 年 6 月 9 日于武穴

目　录

导　论

一个人能否成为社会历史发展进步的推动者，取决于他走什么样的人生道路，即是走卖国求荣、与民为敌、阻碍历史前进的反动人生道路，或者走为个人家庭家族奋斗以求光宗耀祖的落后人生道路，还是走为民为国多作贡献、推动历史前进的先进正确的人生道路，而要走一条先进正确的人生道路，则在于他能正确处理为人处世的问题。如何为人处世是每一个来到世间的人必须面对和处理的问题。为人即做人，"处"指交往相处，也就是在世间（社会上）活动，与人交往相处。做什么样的人，怎样才能做这样的人，如何与人交往相处，立足社会和时代，这是任何时期的任何人都要面对和必须解决好的问题。这个问题能否正确解决，直接关系到一个人的发展前途，关系到他能否为社会的发展做出有益的贡献及贡献大小。古往今来，为什么有的人如马克思、列宁、毛泽东、周恩来、孙中山、秦始皇、汉武帝、唐太宗、武则天、康熙帝等创世伟人，还有许多的思想家、科学家、军事家等，为人类社会历史的进步和发展做出了突出的贡献，而有的人却碌碌无为，虚度一生。有的人虽然在平凡的岗位，干着平凡的工作，但也为人类社会的发展进步做出了应有的贡献，这类人如张思德、董存瑞、黄继光、时传祥、雷锋、郭明义、焦裕禄以及研制"两弹一星"的工人和士兵等。就我所了解和熟悉的同学、学生中也不乏其例的，仅从我所带三年班主任的黄冈师专（现为黄冈师范学院）的8704班的学生来看，目前在党政部门担任领导职务的有缪建华、郑海兵、王仲文、刘春兰、田八能等，在教育战线任教并在大学担任中层领导的有徐秉国、曾祥斌等，在中小学任教的都是骨干老师，有的担任了领导职务，其中在麻城一中华英学校任教的夏杰最为突出。他参加工作以来，潜心研究教育教学业务，在报刊发表诸多教育教学论文，多篇论文获得国家级、省级奖励，主编或参编的教学用书有《黄冈兵法》《黄冈名师》《状元笔记》等200多种。在黄冈市广播电视台工作的汪志俊也表现不错，担任新闻部负责人。有的在经济战线为我国经济建设和发展做出了较大贡献，其中最突出的是胡华文。胡华文是全国100强企业之一的湖北祥云化工股份有限公司的党委书记、董事长，先后荣获全国劳动模范、中国十大成长之星、湖北省劳动模范、湖北省优秀企业家、湖北省优秀中国特色社会主义建设者等荣誉，曾担任中国化工电子商务理事会常务理事，湖北省企业联合会、湖北省企业家协会副会长等职务，还被选为黄冈师范学院校友会副会长。他们的成功也在于他们善于为人处世，走上了正确的人生道路：在学生时代，他们注重立志修身，砥砺意志品德；在学习方面，勤奋刻苦，聚才储能；参加工作后，爱岗敬业，奋斗拼搏，并积极与人交往，能处理好各种人际关系。

为什么有的人名垂青史，流芳百世？如我国历朝历代涌现的民族英雄、爱国者，如岳飞、文天祥、史可法、郑成功、林则徐、邓世昌等；为什么有的人虽然史书上有其名，却是遗臭万年？如希特勒、东条英机、墨索里尼以及中国历史上的奸相贪官等。究其原因首先就在于他们是否正确解决了为人处世和走什么样的人生道路的问题。中外历史上，凡是在事业上有所成就，对社会、国家的进步发展做出过有益乃至突出贡献的人，无论是政治家、思想家、科学家、文学家、艺术家，还是平民百姓，都是由于他们正确地解决了为人处世和走什么样的人生道路的问题，只是贡献的大小有所不同而已。

为人处世的问题，不仅是关系人的前途及其对社会、国家产生什么样的影响的极端重要的问题，而且是一门大学问，也是一门艺术，历代有识之士都十分重视这一问题，根据他们所处时代的实际和需要，不断地分析和研究这一问题，提出他们的看法和主张。前人的研究成果中有许多有价值的东西在今天仍有现实意义，值得汲取。但是，历史的航船毕竟驶入21世纪，进入了一个新的时代。当今时代呈现出与以往时代诸多不同的特点，现时代的人们所面临的任务和从事的实践活动与前人相比也有许多不同。因此我们应该从当今社会和时代的实际出发，根据现在人们所从事的实践工作的需要，结合现代人的特点，进行新的研究，从而与时俱进地探索出为人处世的规律，提出切合实际的为人处世的原则、方法和技巧。

为人和处世，这两者是辩证统一的，既有主次之别，又相互影响和制约，相辅相成。一方面，做人是主要的，它决定和制约着处世，人们如何处世，如何处理与他人、集体、人民的关系，首先是由其选择做什么样的人决定的。一个道德高尚、公正无私的人，在处理与人民、集体、他人的关系时，必定是先考虑人民、集体和他人的利益，先公而后私，先他人而后自己。这样的人，也往往能搞好各方面的人事关系。相反，一个思想道德不好、利欲熏心的人，遇事就只会从个人或小集团或小家庭利益出发，置国家和人民的利益而不顾，这样的人也就不可能真诚善待他人，就难以搞好人际关系。另一方面，处世又体现和影响着做人。一般来讲，从一个人人际关系的状况，可以基本看出他的为人。善于处理各方面人际关系的人，大都是有良好思想道德的人。同时，人际关系的好坏，反过来也影响着他的为人。如果一个人与上下左右的关系和谐美好，在做人处世等各方面就能得到他们热情的帮助，这样就能使他更趋完善。如果一个人与上下左右的关系不融洽，那就会在做人处世上给他带来不利影响，失道寡助，难以取得成功。有人调查和分析了众多的成功者之后得出一个结论：15%的成功者是由于技术熟练、头脑聪明和工作能力强而成功的，85%的成功者则主要是由于具有良好的人际交往和处理各方面人事关系的能力而成功的。有关失业问题的专门研究也表明：在众多的失业者之中，只有10%的失业者是由于工作能力不强而失业的，另外90%的失业者是由于交往能力较差，不善于处理人际关系而失业的。由此可知，善于处世对于人们的发展前途和成就事业是非常重要的。

做什么样的人，是做一个无德无才的人，或有才无德的人，或有德无才的人，还是做一个德才兼备的人，其与人的成才成功有着莫大的关系。不管是谁，他想要有较好的发展前途，为国家和人民做出有益的贡献，首先就必须成为一个有德有才的人。如果一个人道德沦丧，不学无术，即使他再会搞人际关系，恐怕也不会有多么好的发展前途，做出多大贡献，相反会给社会、国家和人民带来危害。如果个人道德高尚、才智过人、能力超群，加之又擅长交往，很会处理人际关系，那前途就无可限量，就必定能干出一番大的事业，我们的老一辈无产阶级革命家毛泽东、周恩来、朱德、董必武、邓小平、李先念等，就是突出的例证。

总之，任何一个想有较好发展前途、事业上有较大成就、对国家和人民有较突出贡献的人，都应该注意学会做人和处世，走好人生之路。祝愿我们每一个人特别是青年人都能成为善于为人处世、走正确的人生道路、为实现中华民族伟大复兴中国梦做出较大贡献的成功者！

我作为一个大学教师所走过的人生道路也是不平坦的，有成功的方面，也有不足的方面。尤其是在为人处世方面，既有成功的经验，更有失败的教训，我把它总结出来，也会为大家特别是青年人走好自己的人生之路，为社会、国家和人民多作一些贡献提供一些启迪。正是基于这一考虑，我决定不顾自己已是年过古稀的老人，仍带病撰写这本小书。如有错误和不妥之处，敬请读者们指正。

第一章　确立科学进步的世界观和人生观

做什么样的人，是做一个有益于社会、国家和人民，推动历史前进的人，还是做一个危害社会、国家和人民，阻碍历史前进的人，首先取决于确立了什么样的世界观和人生观，即是确立了科学进步的世界观和人生观，还是确立了非科学落后的世界观和人生观。一个人要成为有益于社会、国家和人民的人，还必须在科学进步的世界观和人生观的指导下，树立科学进步的理想信念，进而努力实践、奋斗和拼搏，使自己的理想信念得以实现。

一、世界观和人生观的涵义

所谓世界观，就是人们对整个世界的总的看法或根本的观点。人们生活于其中的世界是多层次、多方面的，按其内容大体可分为自然界、人类社会、人类思维等，因此世界观不仅包括自然观，也包括社会历史观和人生观等。自然观是对自然界的本质及其运动发展规律等的根本看法；社会历史观是对人类社会历史的本质及其运动发展规律的根本看法；人生观是对人的本质、人生目的、人生意义的根本看法。在现实生活中，世界观人人都有，但并非人人相同。由于世界观彼此不同，因而导致对自然界、人类社会、人生目的和意义的看法不同，处理问题的方法不同，所得的结果也不同。例如，有的人生病不去医院请医生诊治，却求菩萨神灵或巫婆，结果丧失治愈的时机，造成了严重的后果；而有的人一发现自己有病立即到医院请医生治疗，很快就把病治好了。这两种人对生病的处理方法及其产生的后果不同，就是因为所抱的世界观不同，前者抱的是唯心主义世界观，后者抱的是唯物主义世界观。

作为世界观的一部分的人生观，如上文所说，是人们对于人的本质、人生目的、人生意义等的根本观点和态度。在人生观诸多方面的内容中，人生目的是人生观的核心。在社会生活中人人也都有人生观，不同的人有着不同的人生观，由于人生观不同，人生实践活动的内容和结果也会有所不同。例如，有的人认为“金钱是万能的”，有钱能使鬼推磨，无钱对面不相识，因而把捞钱作为人生目的，这是一种拜金主义的人生观。抱着这种人生观的人为了钱不惜丧失人格和尊严，甚至出卖自己的肉体和灵魂，或者要钱不要命，铤而走险，践踏党纪国法，死抱着拜金主义人生观的人终将害人更害自己。有的人把为社会、国家和人民多作贡献作为人生的最高目的，这是正确高尚的人生观。抱着这种人生观的人不是为钱活着，也不是为吃喝玩乐而活着，而是为奉献活着，他们首先考虑的是为社会、国家和人民做了什么，做出了多大贡献。树立了这种人生观的人，最终既有益于社会、国家和人民，自己也会从社会、国家和人民那里得到好报。

世界观和人生观是相互联系的。首先，正如前面所说，世界观包括人生观，人生观是世界观的一部分。其次，世界观制约人生观，人生观受世界观的指导。世界观特别是社会历史观总是强烈地影响人们对人生目的和意义的看法，支配人们对人生道路的选择，贯穿于人们的理想、信念和抱负之中。一定的世界观总会表现为一定的人生观，有什么样的世界观就会有什么样的人生观，要树立科学进步的人生观需要科学进步的世界观作为指导。一个人，如果热爱我们社会主义祖国，自觉自愿地为社会主义服务，为人民大众服务，就可以说他基本确立了无产阶级世界观即辩证唯物主义和历史唯物主义世界观；抱着极端个人主义人生观的人，其世界观大多是资产阶级的即唯心主义形而上学的世界观，不可能自觉自愿地为广大人民群众服务。因此，人的世界观不同，人的人生观也就不同。倘若人的世界观错误，受错误的世界观的影响，他对人生目的和意义的看法就必定发生偏差，甚至陷入歧途。这就告诉人们，应该树立科学进步的世界观即辩证唯物主义和历史唯物主义的世界观，只有这样才能确立进步积极的人生观。

二、人生观对于人生的意义

人生观作为对人生根本问题的看法和态度，一经形成便具有相对稳定性，并对人生产生重大的影响和作用。具体来讲，人生观对于人生的重要性和意义表现在以下几个方面。

首先，人生观指导人们的人生道路。人生观既是人们对人生问题思考的结果，反过来又对人们的人生实践具有指导作用。正确的人生观给人们以正确的指导，错误的人生观则给人以错误的指导。只有用正确的人生观为指导，才能使自己健康成长，才能在正确的人生道路上不断前进，实现人生的目的和价值，为社会和人民做出有益的贡献。

其次，人生观制约人们的人生价值。人生观不但影响人们所走的道路，而且制约着人们的人生价值。人生价值是在特定的社会历史条件下，个人一生的全部生活实践对自我、他人和社会所产生的意义。

人生价值包括自我价值和社会价值两个方面。自我价值是指社会对个人的尊重和满足，社会价值是指个人对社会的责任和贡献。贡献或者说奉献，是人生价值的本质规定，人生的价值就在于奉献，奉献愈多，价值就愈大，损害社会的人就只有负价值。而一个人是有益于社会还是有害于社会，是贡献大还是贡献小，是受他所确立的人生观制约的。凡是受错误人生观影响的人，是不会对社会和人民做出多大贡献的，有的甚至给社会和人民带来危害。而确立了进步、科学的人生观的人，一般都会竭尽全力为社会和人民做出或大或小的贡献，他活得有意义，人生有价值。像雷锋、吴天祥、李素丽、徐虎、任长霞等先进人物，之所以能在平凡的工作岗位上，恪尽职守，无私奉献，全心全意为人民服务，就在于他们树立了科学进步的人生观。

最后，人生观影响人们的道德观念和实践。人生观的正确与否，直接影响人们的道德观念和实践。正确的人生观有利于人们形成正确的道德观念，并在人生道路实践中使自己臻于完美，成为一个道德高尚的人。反之，错误的人生观会使人们形成错误的道德观念，有损于人们的道德生活，并在人生的现实生活中沦为低级趣味、缺乏道德的人。无数事实告诉我们，如果一个人受享乐主义人生观影响，他在行为上就会损人利己，损公肥私，不择手段地追求个人的利益。尤其是在市场经济的条件下，错误的人生观将使人为了金钱而不惜出卖自己的良知和人格，甚至走上违法犯罪的道路。

正因为人生观对人生具有上述如此重大的影响和作用，所以我们每一个人特别是青年人，一定要注意确立健康、进步的人生观，从而为实现自己的人生价值，为国家和人民做出较大乃至突出贡献奠定思想基础。

三、确立正确世界观和人生观的途径

当代最科学的世界观是辩证唯物主义和历史唯物主义，我们通常所说的无产阶级世界观或共产主义世界观也就是这种世界观，马克思主义哲学是关于这种世界观的科学理论。科学进步的人生观包括为人民服务的人生目的、乐观进取的人生态度和热衷于奉献的人生价值取向等基本内容。这种正确的人生观是由正确的世界观即无产阶级世界观（共产主义世界观）决定的。作为社会主义中国的公民特别是大中学校的学生，都应该对上述这种科学进步的世界观有深刻的理解。那么怎样才能树立这种世界观和人生观呢？它主要是通过下列途径和方法获得的：

一是认真学习和掌握马克思主义哲学的基本原理。既然马克思主义哲学是阐述辩证唯物主义和历史唯物主义世界观的，要确立辩证唯物主义和历史唯物主义世界观，当然必须学习马克思主义哲学，了解和掌握辩证唯物主义和历史唯物主义的观点、立场和方法。从人生观与世界观的联系来看，科学进步的人生观需要科学进步的世界观来指导，只有确立了科学进步的世界观，才有可能确立科学进步的人生观。因此，作为社会主义中国并决心为祖国建设、为实现中华民族伟大复兴的中国梦做出贡献的公民，特别是作为社会主义事业接班人的青年学生，应该认真学习马克思主义哲学，从而使自己牢固地树立科学的世界观和人生观。

二是自觉抵制错误的世界观和人生观的影响。从哲学角度来看，世界观和人生观可分为唯心主义世界观和人生观、机械唯物主义（形而上学）世界观和人生观、辩证唯物主义和历史唯物主义世界观和人生观三种基本类型。前两种世界观和人生观是不科学的、消极的、错误的世界观和人生观，它们不能正确地揭示客观世界及人生活动的本质和规律，还给人以错误的人生导向，这两种错误的世界观、人生观，在现实生活中往往表现为虚无主义、悲观主义、实用主义、命定主义、拜金主义、享乐主义、利己主义等。只有辩证唯物主义世界观、人生观，才科学地揭示了客观世界的本质和运动规律，科学地揭示了人生活动的主观能动性与客观受动性的统一，给人们的人生指明了正确的方向和道路，因而是科学的、积极的、正确的世界观和人生观。我们要确立辩证唯物主义世界观和人生观，除了要认真学习和掌握马克思主义哲学基本原理外，还需要从理论和实践上认识错误世界观和人生观的实质和危害，在思想上保持高度警惕，在行动中自觉加以抵制。

三是向人生楷模和先进人物学习。在中华民族的大地上，在中国共产党领导下的新民主主义革命时期和社会主义建设时期，在目前建设中国特色社会主义的伟大实践中，均涌现了许许多多的英雄和模范人物，如刘胡兰、张思德、赵一曼、董存瑞、黄继光、雷锋、焦裕禄、孔繁森、吴天祥、任长霞等，他们都是确立了科学世界观和人生观的典型人物，向他们学习，从他们身上汲取精神营养，将大大有利于我们确立科学的世界观和人生观。向先进模范人物学习，就是要像他们那样真正确立无产阶级世界观和人生观，全心全意为人民谋利益，做一个高尚的人，有益于国家、社会和人民的人；就要像他们那样敬业奉献，干一行爱一行，干好一行；为了国家和人民的利益，敢于挺身而出，甚至献出自己的生命。

四是在社会实践中锻炼成长。参加社会实践，在实践中锻炼，是树立和坚定无产阶级世界观和人生观的又一有效途径和方法。实践是认识的来源，认识的动力，是检验真理的唯一标准。实践活动不仅能够认识和改造自然和社会，而且能认识和改造人类自身，并对人生现象、活动规律及生活意义等问题做出正确的回答。这是因为，实践的体验，感性的认识，进而激发人的理性思考，并将思考的结果又带回到实践中体验，由此得出正确的关于人生的看法和态度。越是广泛地参加实践，越是深入地进行社会实践，就越能对人生问题得出科学的结论，并坚定科学的人生观。因此，我们要确立和坚定科学的世界观和人生观，就要尽可能多地参加社会实践，在实践活动中明辨是非、真伪、善恶，通过实践来克服和抵制错误的世界观和人生观的影响。

我现在的世界观和人生观即辩证唯物主义和历史唯物主义的世界观和人生观的最终形成是在大学毕业前后。我的这一科学进步的世界观和人生观的形成总的来讲受到多种因素的影响，首先是受到我的家庭、家族因素的影响，其次是受我青少年时期的生活实践、学习实践、当学生干部的实践等磨练并认真总结而上升为理性认识的结果。

我是抗日战争胜利的那一年即 1945 年 11 月 22 日（农历十月十八日）出身于广济县（今武穴市）下周垸的一个贫苦农民家庭。我的祖父周荣绪，从小在富人家做工，先后做了 20 多年，成家后生我父亲兄弟四人，50 多岁即辞别了人世。父亲周金汝，又名光照，排行老大，分家后主要靠种田度日。为了养家糊口，农闲时还做一点贩米的生意。土地改革时，父亲被选为乡人民代表。他为人忠厚正直，勤劳俭朴，乐于助人，中国农民的优良品德在他身上都有所体现。他虽然只读过两年私塾，却掌握了不少的知识，文学、历史、地理、算学等都略知一二，我儿时时常听他讲《三国演义》《西游记》《隋唐演义》《岳飞传》《封神榜》等小说中的一些故事。他讲《三国演义》时，也许是自己姓周的缘故，对周瑜颇有好感，常以周瑜和吴国的胜利而高兴，以其失败而感到惋惜。这一点也使我深受感染，我自小喜爱和崇拜周瑜这个人物，还曾打算以其字“公瑾”的“瑾”字和“瑜”字合称“瑜瑾”作为我的别名。我的母亲刘金莲，也是一个出身于贫苦农民家庭的妇女。她善良纯朴，勤劳节俭，胆小怕事，与左邻右舍和垸里乡亲们总是和睦相处，从不与人发生争吵。她关心体贴丈夫，十分疼爱儿女，有什么吃的总是让儿女和丈夫吃，自己甘愿忍饥挨饿。她生了六个儿女，两个女儿都是出生后不久因家里太穷，既无奶水又没有什么喂养孩子的食物而夭折了，只有我们兄弟四人长大成人。为了养育我们四人，她和父亲费尽心力，吃了千辛万苦。二老健在时，我先是在学校读书，毕业从事工作时所挣工资又不多，力不从心，未能让他们晚年享福，没有尽到做儿子的孝心和义务。每念及此，我心如刀割，难过万分。

我的二叔父周金林，又名周光润。1949 年以前他以木匠为生，定居本县龙坪镇沙墩村，之后主要靠务农度日，他为人老实忠厚，勤劳简朴。三叔父周金松，又名周光松，抗日战争时参加国民革命军，一次在龙坪镇为部队放哨时被日本鬼子抓去杀害了，尸体被鬼子抛入滚滚的长江之中。这是日本侵略者欠中国人民也是欠我的家族的一笔血债。日本鬼子还烧了我家的破房子。我同许多中国人一样，与日本侵略者既有家仇又有国恨。因此，我在与同学们讲课讲到当年日本侵略者在中国烧杀抢掠、无恶不作时特别激愤，学生们说我的激情深深地感染了他们。

我的小叔父周金苟，又名周光苟，1949 年以前以织布为生，曾参加过新四军，担任过新四军某部队的司务长，后在一次战役中部队被打散而回家。之后，他曾在九江、龙坪等地织布，晚年回老家下周垸度日。他聪明机敏，能说会道，颇得人喜欢，受人尊敬。他晚年在家时，常与我促膝交谈。

我的大哥周起中，1936 年生。从办高级社时起，他一直担任农村基层干部。“文化大革命”时他是生产小队队长（相当于现在的村民小组组长），曾被认为是走资本主义道路的当权派而遭到批判。

“文革”后大哥到花桥区（今花桥镇）农科所任所长，最后在兰杰大队（今兰杰村）担任党支部书记多年。他刚到 50 岁时就主动辞去大队书记职务，让青年人接任。在担任基层干部期间，他对党忠心耿耿，对工作极端负责，对群众关心爱护，严于律己，宽以待人，清正廉洁，不贪污受贿，不为子女亲朋谋取私利，担任 20 多年的基层干部，仍两袖清风，五个子女一个也没给安排工作，辞职回家时还是两间简陋的住房。他虽然小学也没有读完，但有相当的文化水平，这全凭他自学和在工作实践中学习得来。担任大队党支部书记时，他能写数千言的讲话稿。他讲话贴近群众，贴近实际，朴实无华，生动有趣，很受群众和同事们的欢迎。他任党支部书记时的兰杰大队，多次被评为县级和地级的先进集体，他本人也不断被评为各级先进工作者，成为县级和地级小有名气的模范干部。他十分敬重和体贴父母，很小的时候就帮助父亲做农活，帮助母亲做家务，随着弟弟们相继降生，家庭经济负担越来越重，他肩上的担子也不断增加。我和二哥、弟弟能长大成人，并能上学读书，尤其是我还能读到大学毕业，他立下了汗马功劳。俗话说“长子当父”，的确，他不仅非常好地尽到了做兄长的责任，而且还担起了做父亲的重担。我们兄弟四人，一直能和睦相处，互相关心，互相照顾，也是他率先垂范、谆谆教诲的结果。大哥的恩情，我是永记在心，他仙逝之后我时常在梦里见到他。

我的大嫂陈柳凤是一位贤惠的农村妇女，小时她来我家当童养媳，劳苦一生。她孝敬公婆，关心体贴丈夫，疼爱子女，勤俭能干。她不仅操理家务，而且常年在外干农活，我们家能支撑下来，也有她的一份功劳。她对我们这些弟弟如同对待她的同胞弟弟，关爱有加，从未说过我们一句重话。

我的二哥周起祖，1941 年出生。上过初中，当过话务员，后在张河口小学、兰杰中学任教，工作认真负责，踏实能干，兢兢业业。

他性格和善，待人真诚热情，孝敬父母，关爱兄弟。我在读大学时，他虽然已离家到堂伯父家做坐堂女婿，但仍给了我不少照顾，如经常给我一些粮票，还不时资助我一些钱。对此我十分感激，始终不忘。我的二嫂陈冬花，是一位温柔善良、通情达理的乡村妇女。她孝敬父母，体贴丈夫，心疼儿女，爱护兄弟，热情好客，与乡亲们关系和谐融洽，深得垸里人的好评。

我的弟弟周起堂，1949 年中华人民共和国成立那年来到人世。他只读过小学，但聪明能干，头脑灵活，善于交际。他一生经历颇多曲折，支援过三线建设，当过养路工人，担任过村民小组组长，承包过村里的小工厂，做过预制板，还外出打过工。正是靠他那不怕苦不怕累的精神，终年辛苦工作，才维持了七口之家的生活，将五个儿女养大成人，并使其能自食其力。

我的父母、叔父、哥嫂、弟弟的生活、劳动或工作实践及其为人处世乃至整个家庭环境对我的世界观、人生观的形成无疑产生了一定的影响。

我的童年是在家境极其艰难时度过的。在我的记忆里，我不是靠母奶而是靠吸食母亲嘴嚼的米糊糊长大的。因为那时我家十分困难，又逢抗日战争时期，日本侵略者践踏了我们那个地方，我们那里的人们不得不跑到较为安全的地方以躲避日本鬼子的烧杀抢掠。人们过着流离失所、忍饥挨饿的生活，小孩子根本吃不到母亲的奶水。我的整个童年时期都是在食不果腹、衣不蔽体的困境中度过的。吃的大都是青菜或野菜与很少的大米一起煮的稀饭，穿的是大哥穿过、二哥又接着穿过的补丁衣服。六口之家只有一间半房子，睡觉时只得三四个人挤在一张床上。因家里生活实在难以维持，父母曾打算将我送给同垸一个名叫周光染的人家，我当时一听到那家主人的名字便撒腿就跑。1954 年我们垸遭受水灾，田地淹没，房屋被毁，我们全家只得外出逃荒，9 岁的我跟着大哥二哥四处乞讨。水退后返家，常以野菜、草根、树根、树皮、地菇等充饥。幼年时期的困苦生活磨练了我的意志品质，也促进了我的世界观、人生观的形成。不过，我的科学进步的世界观和人生观的形成是从上学之后开始的。

我是快九岁时才进小学读书的。读小学的那几年，吃的也常常是菜粥菜饭和米糠馍馍。在读初中的三年即 1959—1962 年，又正值三年困难时期，也很少有吃饱饭的时候。每次从学校回家，首先都要打开碗柜，看看有什么填肚子的残菜剩饭，然后再去菜地找吃的。在读高中的三年即 1962—1965 年，随着全国经济条件的好转，我家的经济状况也略有改善，但因家里人多，生活仍然困难。我每天顶多只能吃上一斤大米，菜都是从家里带去的腌菜。我读高中的学校“湖北省广济武穴中学”位于县城武穴，离我家有五六十里路，每个周六我都得从学校走五六十里路回家，星期天下午又得带着一周的腌菜等走五六十里路返回学校。那几年，我的肚子很少有填饱的时候。记得有一天早上，因腹内空空，吃稀饭的时候狼吞虎咽，加之又吃了腐乳，所吃的二两米稀饭全部吐了出来，结果给我造成了至今不愈的毛病，即吃热稀饭时吃了腐乳就必定呕吐。

我读初、高中时，穿的大多是土布衣服，一年四季都是那几件，冬天也只有单衣，只不过多穿一两件而已，棉衣对我来说是根本无缘的，直到上大学时还只能依靠三条单裤过冬。感谢共产党和学校，照顾了我一件棉袄和一条棉裤，这才结束了我数九寒天仍只能穿单衣的历史。青少年时期这种艰苦的生活，练就了我不怕艰难困苦的顽强意志，培养了我艰苦朴素的生活作风，同时也成为我刻苦学习的动力，促使我在学习上不断进步。同时，对我的正确的世界观和人生观形成也起了积极作用。

我在学生时代接受艰苦生活磨练的同时，还经受了各种体力劳动的锻炼。我五六岁时就开始劳动，如放牛、拾稻谷等。读小学时则帮助家里摘棉花、插秧、割稻子、碾米等。读小学的最后一年即1958年，当时，只有十三四岁的我，同大人一样去修筑仙人坝水库大坝，挖土、挑土、推小车等，样样都干。早晨三四点钟就起床上工地干活，晚上天黑才回住地，二三十人一起睡在地铺上。那年，为了大办钢铁，我们这些小学生还在寒冬腊月打着赤脚挖黄土做小高炉。这些小高炉根本没有起什么作用，后来都成了一堆废土堆。1958年的大多数时候，我是处在受冻、负累、挨饿的困境之中。

初中时我开始做插秧、耙田、割稻子、种菜等一些农活，读高中时则是什么农活都能做，包括挑稻、挑水等重体力活和犁田、耕田、锄草、推线车等技术活。每年暑假，正是农村收割早稻、抢插晚稻的大忙季节，我从学校回家的第二天开始，就一直同家乡的父老一道，起早贪黑地在田地里干活。为了干活方便，我只穿短裤，刚回来的几天，大腿被如火的烈日晒死了一层皮。因为每天早上三四点钟就起床干活，下午天黑后才回家，睡觉时又被蚊虫叮咬，睡着的时候甚少，故走路时也打瞌睡。高中毕业那年的暑假，因担心考不上大学，我干活更加卖力，回家的当天就去挑稻。记得我武汉大学的录取通知书是垸里人带回给我的，我是肩挑沉重的稻谷接过通知书的，就如李克强总理是在田里干活时接到大学录取通知书时一样。

正是因为青少年时期经受了长期的艰苦劳动的锻炼，才培养了我热爱劳动、热爱劳动人民和吃苦耐劳的品质，同时，也砥砺了我的意志和毅力。在读书期间，学校里的体力劳动，我都是率先积极参加，并保质保量完成任务。直到现在，我还是乐于做一些力所能及的事，无论是公益劳动，还是家庭劳动，如植树、锄草、打扫卫生、做饭、洗衣服、修自行车、种地等，我都积极参与。经过艰苦生活和劳动锻炼的人，在学习上也往往认真刻苦、积极向上，走上工作岗位后一般也勤奋敬业，不甘落后，有所作为。如我的大学同学江惠生（先后担任过广东省农村工作部副部长、中共广东省清远市委常委兼英德市委书记、华南农业大学党委书记）、王元璋（在职时任武汉大学博士生导师、教授，退休后还担任武昌理工大学常务副校长，76岁了还坚守在工作岗位上）、涂普生（先后任中共黄冈市委宣传部副部长、黄冈职业技术学院党委书记）、叶桂芳（先后任罗田县委书记、黄冈市委党校副校长和黄冈市政协副主席）等，都是这样的人。

总而言之，我最终确立辩证唯物主义和历史唯物主义世界观和人生观，亦即共产主义世界观和人生观或无产阶级世界观和人生观是各种因素特别是学习马克思主义哲学以及经历各种实践锻炼的结果。就其过程而言，如果从小学算起，经历了从小学、初中、高中到大学这一较长过程，大约花了16年的时间。这期间经历了从小学到大学期间的生活实践、学习实践、体力劳动实践的锻炼。我是大学毕业后在余川高中工作期间加入中国共产党的，我入党时的世界观和人生观是比较成熟和坚定的，自入党以后直至今日我没有一丝一毫改变我的共产主义世界观和人生观。我将带着共产主义世界观、人生观和共产主义的理想信念去见马克思，我至今坚定地认为马克思主义是人类历史上最科学进步的理论，辩证唯物主义和历史唯物主义是人类历史上最科学进步的世界观和人生观，共产主义社会是人类社会的最终归宿，我将为共产主义奋斗到最后一刻！

第二章　树立崇高的理想和信念

从上文所述可知，要做一个有益于社会和人民的人，首先需要确立科学进步的世界观和人生观。但是，一个人要真正成为对社会、国家和人民有所贡献的人，还必须在科学进步的世界观和人生观的指导下，树立科学进步的理想和信念，使自己成为有用之材。有科学进步的世界观和人生观是树立科学进步的理想信念的思想政治基础，有科学进步的理想信念是成才和有所贡献的动力，成才则是有所作为、有所贡献的必要条件。任何人，如果他想有好的发展前途，能取得一定成就，为社会、祖国和人民做出有益的贡献，就必须树立科学进步的理想信念，成为有用之材，即有为实现理想所必须具有的各方面素质和才能的人才。

一、理想和信念的含义与特征

所谓理想，是指人们在一定的世界观和人生观的指导下，在一定的实践的基础上所形成的具有现实可能性的对未来的向往和追求，是人们的政治立场和世界观在奋斗目标上的集中体现。人们常说的志向、抱负就属于理想范畴。理想与空想、幻想不同，理想是建立在对客观世界的理性认识的基础之上，是通过努力、奋斗、拼搏而能够实现的；而幻想、空想则是在一定的历史条件下，超越历史阶段，没有事实依据而无法实现的一种想象。

理想从性质来看，可以分为科学的和非科学的，先进的和落后的，崇高的和平庸的等。理想从主体来看，可以分为个人理想和社会理想。个人理想是指个人对自身人格、职业、生活、成就等方面目标的追求。社会理想是指社会集体以及全体社会成员的共同奋斗目标。个人理想与社会理想之间是辩证统一的关系，一方面，社会理想决定制约着个人理想；另一方面，个人理想体现服务于社会理想。这种辩证关系意味着社会理想有赖于个人理想的树立和实现，个人理想也不能脱离社会理想。在我国，社会主义理想只有依靠每一个公民把自己的理想和行动同社会主义共同理想紧密结合起来，才能真正实现。从时序上看，理想还可以分为近期理想和长期理想；从内容上看，可分为政治理想、职业理想、生活理想等。

理想作为人类特有的一种精神现象，具有鲜明的特征：一是具有现实的可能性。这是理想区别于空想、幻想的根本。二是具有阶级性。在阶级社会里，不同阶级的人，有着不同的理想。资产阶级的理想是维护资本主义私有制和追求剩余价值的最大化，而无产阶级的理想则是消灭包括资本主义在内的一切剥削制度，在全人类实现共产主义。三是具有时代性。理想作为一种社会意识形态，同一定时代的经济政治制度相联系，反映一定时代的生产力水平。四是具有实践性。实践是理想的基础和来源，是检验理想的根本尺度，理想的实现也必须依赖于实践，离开实践理想就成为一种主观幻想。五是具有超前性。理想具有实现的可能性，但并不等于现实。理想基于现实又超前于现实，指向未来，因而具有超前性。六是具有激励性。理想的激励性来源于未来目标和前景的吸引力，来源于主体追求目标和前景的这种积极向上的内驱力，这种强烈的对未来目标实现的愿望，激励人们不断战斗和拼搏。

所谓信念，是指人们在一定认识的基础上确立的对于某种理论主张或思想见解以及某种理想坚信不疑并身体力行的状态。信念集中体现了人们的认识、情感和意志。信念的形成有一个循序渐进的过程，它的产生依靠生活的启示，以及对现实材料的理性加工。信念产生后可以持久地指引人们的行动。

信念同理想一样也具有鲜明的特征：一是具有稳定性的特点。信念一旦确定，就具有相对的稳定性。信念同观点、观念、思想等精神现象相比，在人们头脑中更加稳固。二是具有执着性的特征。信念具有浓厚的意志色彩，体现着人们对理念主张、理想等的持之以恒的追求，一直向前而不回头。三是具有自觉性的特征。信念的确立最终是主体的自觉选择，任何强迫压服是无济于事的。

理想和信念是辩证统一的关系，是一对孪生兄弟，二者息息相关，相辅相成。理想促进信念的产生，信念是对理想的确认。二者在人们的主观世界相互依存，相互促进，共同指导人们的行为，指引人生的方向和道路。

二、理想和信念的重要性和作用

理想和信念是指引人生方向和道路的明灯，是人生前进的不竭的精神动力，是人生的精神支柱。托尔斯泰说："理想是指路明灯，没有理想就没有坚定的方向，没有方向就没有生活。"罗曼·罗兰有一句名言："最可怕的敌人就是没有坚强的信念。"没有理想信念，就像没有根基，容易随风而倒，做人没有骨气，做事没有毅力，人生漂泊不定，就如水上浮萍。

树立科学进步的理想信念，确定正确的人生奋斗目标，对于每一个人来说都是首要的问题。无论过去、现在还是将来都是如此。这个问题不解决，或者解决得不牢靠，就会失去人生的方向和动力，就不可能成为有用的人才，也就难以做出成绩来。我们老一辈无产阶级革命家毛泽东、周恩来、朱德、刘少奇、董必武、邓小平等之所以能成为改天换地的创世之才，干出创世的业绩，无一不是首先树立了创世的理想信念，即救国救民，为实现共产主义而奋斗终生。在革命战争年代，无数革命先烈，抛头颅，洒热血，冲锋陷阵；在敌人屠刀下无所畏惧，视死如归；受尽敌人的拷打折磨，仍守口如瓶，严守秘密，毫不动摇……这一切靠的是什么？靠的就是坚定的共产主义理想和信念。“砍头不要紧，只要主义真。”这正如邓小平所指出的：“为什么我们过去能在非常困难的情况下奋斗出来，战胜千难万险使革命胜利呢？就是因为我们有理想，有马克思主义信念，有共产主义信念。”①

我国古代和近代历史上凡是干出了一番事业，为历史的发展进步做出过贡献的人，也都是有理想信念、胸怀大志的人。秦始皇嬴政就是因为有“囊括四海之意，并吞八荒之心”，才使四分五裂的中国归于一统。陈胜、吴广正是因为不甘压迫，抱有“王侯将相宁有种乎？”的信念，才奋起抗争，开中国农民起义之先河，为后世劳苦民众树立了榜样。汉高祖刘邦，正是因为有夺取天下的勃勃雄心，才能够一统偌大的中国。政治家、军事家、文学家曹操，正是为了争夺大好江山，才于天下大乱之时揭竿起兵，虽未能独霸天下，但也取得半壁江山，雄踞北国。一代明主唐太宗李世民，就是因为抱有建立李唐王朝的雄心壮志，才劝父起兵，逐鹿中原，奠定几百年的唐朝基业。出身贫苦、当过和尚的朱元璋，先是怀着改变命运的志向参加郭子兴领导的起义军，郭子兴死后他带领这支起义军，胸怀扫灭群雄、一统天下的浩浩壮志，依靠一些知识分子的辅佐和一批英勇善战的将领的

---

① 《邓小平文选》第三卷，人民出版社 1993 年版，第 110 页。

协助，南征北战，艰苦奋斗，建立了大明王朝，统一中国，成为中国历史上出身最贫苦的皇帝。诸葛孔明“鞠躬尽瘁，死而后已”，为的是振兴蜀汉，统一全国。抗金名将岳飞一生抵抗异族侵扰，为的是“精忠报国”。民族英雄文天祥英勇就义，在于他抱有“人生自古谁无死，留取丹心照汗青”的信念。近代抗日英雄邓世昌与敌人同归于尽，在于他有保家之心、卫国之志。维新派谭嗣同，视死如归，甘愿受戮，为的是唤起民众，救国救民。革命的先行者孙中山，奋斗一生，心血耗尽，为的是建立民国，振兴中华……中国历史上这方面的事例比比皆是，举不胜举。下面比较详细地谈谈毛泽东、周恩来在这方面的情况，以便大家从中受到更多启迪。

毛泽东是中国共产党、中国人民解放军、中华人民共和国的主要缔造者，是中国化马克思主义——毛泽东思想的主要创立者，是伟大的马克思主义者和伟大的无产阶级政治家、思想家、革命家、军事家、战略家，而且在历史、书法、诗词方面造诣很深，在国内外享有盛誉。他的人格也颇富魅力，深受国内外上层人士和平民百姓的称赞和钦佩。毛泽东之所以能够成为发展如此全面的创世伟人，首先在于他从少年时起就有理想和信仰，对此毛泽东于 1936 年对采访他的美国著名记者埃德加·斯诺（《西行漫记》的作者）作了较详细的说明。①

从毛泽东向斯诺的讲述中我们清楚地知道，毛泽东自少年时起就有理想抱负，但最终确立共产主义和马克思主义理想信念是经历了一个较长过程的。毛泽东最先是从一些反映造反、打仗、除妖的小说里，从当时老百姓反抗官府和地主压迫的事件中，产生了反抗意识和对老百姓的同情；进而在改良派郑观应所写的《盛世危言》，激进派

① 此部分引文均引自《西行漫记》。考虑到本书为理论通俗读物，书中对毛泽东等领袖人物的讲话并未逐个加以注释，详见书后参考文献。

教师李漱清的爱国热情和反对佛教、拆除神佛、把庙宇改成学堂等主张，特别是《论中国有瓜分之危险》这本小册子的影响下，萌发了救国救民的思想抱负，这时毛泽东还只有 15 岁。

16 岁时毛泽东怀着救国救民的理想抱负到湘乡县东山高等学堂这所新式学堂读书。临行前，他根据日本著名僧人所著的《题壁》改写成这样一首诗："孩儿立志出乡关，学不成名誓不还。埋骨何须桑梓地，人生无处不青山。"毛泽东还将这首改写的诗，放在父亲的账本里，赠给父亲，以向父亲表明他的志气和抱负。在这所学校里，毛泽东把心思和精力全用到了学习上，学堂里的富家子弟嘲笑他是"乡巴佬"，但他全然不理会这些，因为他深知，他来到这里完全是为了求学救国，而不是与人比吃喝穿戴。为此，他写了《咏蛙》一诗来表达自己的心境："独坐池塘如虎踞，绿杨树下养精神。春来我不先开口，哪个虫儿敢作声。"毛泽东回忆说："在这所学校里，我能够学到自然科学和西方的新科学，我在这个学堂里有了不少进步。当时我还在读表兄送给我的两本书，讲的是康有为的变法运动。这两本书我读了又读，直到我可以背出来。我崇拜康有为和梁启超，那时我还不是一个反对帝制派。"

接着，毛泽东又向斯诺讲述了他在长沙一所专门为湘人办的很有名气的中学，即湘乡中学读书时的情况。他说："因为政局的迅速变化，我在那里呆了半年。在那里，我第一次看到的报纸——《民力报》，那是一份民族革命的报纸，刊载了一个名叫黄兴的湖南人领导的广州起义和七十二烈士殉难的消息。我深受这篇报道的感动……""这个时候我也听说了孙中山这个人和同盟会的纲领。当时全国处于第一次革命高潮的前夜。我激动之下写了一篇文章，贴在学堂的墙上。这是我第一次发表政见，思想还有些糊涂。我还没有放弃对康有为、梁启超的钦佩。我并不清楚他们之间的差别，所以我在文章里提出：把孙中山从日本请回来，当政府的总统，康有为当国务总理，梁启超当外交部长。”这表明17岁的毛泽东已经开始由一个不反对帝制的人，转变为一个资产阶级民主主义者。随着形势的发展，他以实际行动站到了资产阶级革命派一边，先是剪掉辫子，以示自己拥护革命和反对清朝的决心，随后（1911年10月底）他又投笔从戎，参加了湖南新军。从上面几段叙述可知，毛泽东确立救国救民的理想抱负之后，又继续求学寻找救国救民的真理和道路：先是崇拜康有为、梁启超，相信资产阶级改良主义，后转而相信孙中山等资产阶级革命派的主张；武昌起义爆发后，积极投身辛亥革命并参加了辛亥革命的军队，表明他赞成以武装革命的办法来救国救民。

辛亥革命的胜利果实被袁世凯篡夺后，毛泽东决定继续求学，寻求救国救民的科学理论。他先后报考了几所学校，但进去后不久都退学了。最后他考入湖南省立第一师范学校。毛泽东说：“我在师范学校读了五年书……我的政治思想，在这个时期开始形成。我也是在这里获得了社会行动的初步经验。”事实正是如此。在湖南一师，毛泽东深受一个“道德高尚的人”即杨昌济的影响，杨先生鼓励他立志做有益于社会的正大光明的人。在这期间，毛泽东团结了一批意志坚定，随时准备为国捐躯的有志青年，组织建立了新民学会，开始阅读陈独秀创办的《新青年》杂志。他说：“我非常钦佩胡适和陈独秀的文章。他们代替了已经被我抛弃的梁启超和康有为，一时成了我的楷模。”

在湖南一师的最后一年，即1918年，毛泽东组织湖南学生赴法勤工俭学，他自己则决定留在国内研究中国历史，但他陪同赴法的同学到了北京。在北京期间，经当时已经在北京大学任教的杨昌济先生介绍，他到北大图书馆当助理员，从而结识了时任北大图书馆馆长的李大钊。毛泽东说：“这时，我对政治的兴趣继续增大，我的思想越来越激进……可就在这时候，我的思想还是混乱的，用我们的话来说，我们正在找寻出路，我读了一些无政府主义的小册子，很受影响。”

1919年五四运动前后，毛泽东更加直接地投身到政治中去，把大部分时间用在学生的政治活动上。他创办了《湘江评论》，并任主笔，还帮助创办了文化书社。他领导驱逐湖南总督张敬尧的斗争，为了扩大影响，争取对驱张斗争的更广泛支持，1919年12月毛泽东第二次来到北京，同年，他还第二次来到上海，在那里第二次见到了陈独秀。毛泽东说：“我第一次同他见面是在北京，那时我在国立北京大学。他对我的影响也许超过其他任何人。”毛泽东的科学理想和信念，即共产主义和马克思主义的理想信念，是在1920年夏最终确立的。他对斯诺说：“我第二次到北京期间读了许多关于俄国情况的书，我热心地搜寻那时候能找到的为数不多的用中文写的共产主义书籍。有三本书特别深地铭刻在我的心中，建立起我对马克思主义的信仰。我一旦接受了马克思主义是对历史的一种正确解释后，我对马克思主义的信仰就没有动摇过。这三本书是《共产党宣言》（陈望道译），这是用中文出版的第一本马克思主义的好书，《阶级斗争》（考茨基著），《社会主义》（史柯卡普著）。到了1920年夏天，在理论上，而且某种程度的行动上，我已成为一个马克思主义者了，而且从此我也认为自己是一个马克思主义者了。”

由上可知，毛泽东自少年时起就有理想抱负，但最终确立共产主义理想信念，却经历了一个较长的过程。在这个过程中，他的理想信念是步步升高并趋向科学的，即由同情老百姓和赞扬造官僚地主的反的人，到相信资产阶级改良派的救国救民的方案，再到赞成资产阶级革命派孙中山等的武装革命的方案，最后确立共产主义和马克思主义的理想信念，以及以武装斗争的方式建立无产阶级专政，从而建立社会主义社会并最终实现共产主义的方案。

周恩来也是在少年时期就确立了为国家为人民服务的志向抱负。十二三岁时，他在东北模范高等学堂读书。一次，教师问学生：读书是为了什么？同学中有人说是为了帮父母记账，有的说是为了谋个人的前途，周恩来却回答："为中华之崛起而读书。"① 随后他在天津南开学校读书时（当时 15 岁）写的作文《尚志论》则更加清楚地表明了他的这一理想和志向。他写道："故凡同一人类，无论为何种事业，当其动作之始，必筹划其全局，预计其将来，抱无穷之希望。然后按此希望之路径以前进，则其结果不致与此希望相径庭。希望者何？志是也。""然则志固尚已，而弊亦随之生焉。彼志在金钱者，其终生恒乐为富家翁；志在得官者，百计钻营不以为耻，此志卑之害也。故立志者当计其大舍其细，则所成之事业，当不至限于一隅，私于个人矣。"他在南开学校毕业（1917 年）后去日本求学之时（时年 19 岁），给同学写下的临别赠言"愿相会于中华腾飞世界时"和临行前写下的那首著名的诗篇，就更加鲜明地抒发了他年轻时救国救民的抱负，诗曰："大江歌罢掉头东，邃密群科济世穷。面壁十年图破壁，难酬蹈海亦英雄。"也正是这一崇高的理想志向，推动他不断地寻求救国救民的真理和道路，不断学习和锻炼自己，从而最终确立了伟大的共产主义和马克思主义理想信念，掌握了马克思列宁主义理论武器，同时也获取了为实现伟大理想所需要的各方面的素质和才能。

古往今来，无数事例说明，一个人要想对社会、对国家和人民有所贡献，而不虚度一生，首先就必须树立进步的理想和信念。确立正确的人生奋斗目标，志向越高远，所作的贡献就会越大。只有如此，

---

① 此部分引文均引自金冲及主编的《周恩来传》一书。

才会有动力去学习和锻炼，使自己成为有用之材；也只有如此，才有动力去战斗和拼搏，从而干出一番事业来。因此我们每个人，特别是青少年学生一定要有为振兴祖国、造福人民而做出更大贡献的理想和志向。

一个人能否志存高远，能否成为有用之材和有所作为，是与这个人有无志气密切相关的。如果一个人妄自菲薄，安于现状，不思进取，那就绝不会树立较高的理想和志向，有较大的奋斗目标，当然也就不可能有坚强的意志和顽强奋斗的精神，就不能够成为栋梁之材而大有作为。相反，如果一个人有浩大的志气，即使他出身低微，家境贫寒，也可能成为创世之材，做出创世的业绩，这样的人，在中外历史上并不少见。如美国第十六任总统、南北战争的主要领导人林肯(出身贫苦农民家庭)，法国历史上著名的政治家、总统戴高乐（出身普通教师家庭)，反法西斯坚强战士、前南斯拉夫总统铁托（出身农民家庭)，无产阶级的革命导师马克思（出身律师家庭，一生贫穷，连爱子夭折也无钱安葬)，苏联第二代领导人斯大林（父亲是农民出身的皮鞋匠，母亲是农奴的女儿）……都是这样的人物。我国的老一辈无产阶级革命家大多是这样的人物，如李大钊出生后不到两岁父母先后去世，由祖父养大，朱德出身佃农家庭，陈云出身贫苦农民家庭，彭德怀出身贫苦农民家庭，李先念出身贫苦农民家庭，做过木工……

在中国古代历史上，这类人物也屡见不鲜，如周朝开国功臣姜尚出身贫寒，年过花甲仍然很贫穷，但志气不减，他听说周文王重视人才，就天天在岐山的水边钓鱼，希望看到从这里路过的文王。有一天，他果然看见了文王，两个人谈得十分投机。姜尚与文王同车而归，被封为军师，辅佐武王灭商纣王，为周朝的建立做出了巨大的贡献。西汉名臣朱买臣，出身低微，曾以打柴卖薪为生，上书言政受到汉武帝赞赏，被赐高官。西汉名将卫青，原为公主的家奴，后受汉武帝重用，成为一代名将。东汉时出使西域的班超，年轻时为了养活老母，曾在洛阳替官府抄写文书，但他总想在战场上报效国家。有一天他抄写文书时，慨然扔下手中的笔感叹道："大丈夫应当立志效法张骞在边疆立功，怎能一辈子和笔砚打交道呢?"他毅然参了军。东汉时期的梁鸿，曾给人舂米度日，家里很穷，但他人穷志不穷。有个邻居先把饭做好了，便叫梁鸿用他灶里的火做饭，梁鸿却说："童子鸿，不因人热者也。"后来梁鸿成了当时有名的经学家、文学家。毛泽东常用这个故事启发广大干部群众，包括他的子女和在他身边工作的同志，要求他们要有志气，要独立自主，自强自立，艰苦创业。

大量事实说明：一个人要有所作为，对社会、国家和人民有所贡献，首先要有志气，树立远大的理想和志向。所以我们每个人，特别是青年人，因为是社会主义事业的接班人和建设者，一定要有远大的志气，树立较高的理想信念，从而推动自己成为有用之材，为祖国和人民做出较大的贡献。

三、实现理想信念的条件和途径

有了正确坚定的理想信念，还要有为实现理想信念所必备的各方面条件，明确实现理想信念的途径。实现理想信念的条件主要包括：良好的思想道德素质、掌握科学文化知识和技能、具备顽强奋斗的意志和百折不挠的精神以及健康的体魄。总的来说，也就是要成为德、智、体等方面全面发展的有用人才。实现理想的途径，就是艰苦实践、顽强奋斗和拼搏。关于思想道德品质、科学文化知识和技能、健康体魄等方面的条件问题，后文将有专章讲述，这里只谈谈意志和精神这个条件，以及实现理想的途径问题。

理想的实现不是轻而易举、一帆风顺的，而是要经过艰苦不懈的奋斗。理想越高远，实现的难度就越大，需要坚强的意志和百折不挠的精神。没有理想信念，就没有动力，但没有顽强奋斗的意志和不屈不挠的拼搏精神，理想也难以实现。没有顽强的意志，在实践中遇到困难就会畏缩不前；没有不屈不挠的精神，一遭受挫折就会气馁放弃。因此任何人若想理想成为现实，自己的人生目标能够顺利达到，就必须有坚强的意志和不屈不挠的精神。古往今来许多史实都证明了这一点。

春秋时期的五霸之一越王勾践被吴国打败后，在吴国替吴王夫差驾车养马，打扫宫室，忍受各种屈辱。他立志报仇雪恨，发愤图强，回国后他卧薪尝胆，节衣缩食，与百姓同甘共苦，经过“十年生聚，十年教训”，终致越国富强，而一举攻灭吴国，称霸诸侯。建立蒙古政权的铁木真，九岁时，父亲被另一个部族的人毒死，多数部众离弃了他一家，母亲带着他和几个兄弟靠采集、捕鱼和打猎度日，他还多次遭到仇敌的追捕。重重困境磨练了他的意志和性格，使他变得更加坚强而机敏。他失败时从不灰心，能够克服困难，再度恢复信心。他曾说：“在明亮的白昼，要深沉细心；在黑暗的夜里，要有坚强的忍耐力。”他以坚不可摧的顽强意志和百折不挠的精神，在历经多次失败之后，终于组建了一支强大的军队，经过多次战争，打败四周各部落，终于统一了蒙古。

我们的老一辈无产阶级革命家都是既有崇高的马克思主义和共产主义理想信念，又有为这一理想信念而顽强拼搏的人。他们一旦立下大志，即不惜一切，乃至生命，终生为之奋斗。1923 年 4 月 15 日，周恩来在天津《新民意报》上，以诗表达了他为了实现理想而不惜牺牲一切乃至生命的决心和意志，他写道：“壮烈的死，苟且的生。贪生怕死，何如重死轻生！生别死离，最是难堪事。别了，牵肠挂肚；死了，毫无轻重，何如做个感人的永别!”① 朱德也曾讲过：“我原来不是无产阶级，因为无产阶级代表的是真理，我就投降了无产阶级。我投降无产阶级，并不是想来当总司令，我只是替无产阶级打仗，拼命。”② 朱德等老一辈无产阶级革命家，正是以这种“拼命”的精神为实现理想而奋斗终生的。

与毛泽东一起从湖南乡间小道走出来的另一位无产阶级革命家，被他的战友称为“党的骆驼”“中国人民的骆驼”的任弼时，1921年不过17岁，他冒着杀头的危险瞒着朋友和家人，压抑着对父母体衰多病和家境日益窘迫的“分劳之心”，只身秘密前往俄国，期望从十月革命的成功中寻求拯救中国人民于水火之中的真理，学到创世救国的本领。他到俄国不久即给父母写信说：“人生原出于谋幸福，冒险奋勇男儿事，况现今社会存亡生死，亦全赖我辈青年。将来造成大福家世界，同天共乐，此亦我辈的希望与责任，达此便算成功。”③ 在这封信里，任弼时宣告了他的追求与理想，表达了他为改造天下、造福人民即使粉身碎骨，也决不回头的钢铁意志和决心。

我们老一辈无产阶级革命家，正是由于他们有为实现共产主义崇高理想而顽强奋斗的钢铁意志、百折不挠和勇于献身的精神，才领导全中国人民，取得了新民主主义革命的伟大胜利，建立了中华人民共和国。

实现理想和信念的途径是实践、奋斗和拼搏。实践、奋斗和拼搏是使理想变为现实的必由之路，如果不付诸行动和实践，再好的理想也实现不了，什么事业也不会成功。无产阶级革命家、外交家陈毅元

---

① 陈伟龄：《周恩来诗歌中的初心》，《学习时报》2019年11月15日。

② http：//www.cwzg.cn/theory/201912/53432.html。

③ 符国凡、周霞飞：《任弼时家书解读：冒险奋勇男儿事》，《湘潮》2016年第6期。

帅曾在他的一首诗中说："我们如果没有理想，我们的头脑将陷于昏沉；我们如果不从事劳动，我们的理想又怎样实行？……我们是世界上最大的理想主义者！我们是世界上最大的行动主义者！我们是世界上最大的理想与行动的综合者！"① 诚如陈毅所说，没有理想信念，行动就失去了方向、目标和动力，没有实际行动，理想也将变成空想、幻想。只有将两者结合起来，做理想与行动的综合者，我们才能够成为变理想为现实的成功者。

同时，理想的实现又不是一朝一夕的事，不可能一蹴而就，而需要长期不懈的行动和拼搏，要从现在做起，从脚下做起，像登山一样，要脚踏实地一步一步地向目标攀登。社会理想的实现，则需要全体社会成员的共同行动和奋斗，从我做起，没有大家齐心协力的行动和奋斗，理想就难以成为现实。老一辈无产阶级革命家救国救民的共同理想，从中国共产党的建立到中华人民共和国的诞生，就是中国共产党领导中国各族人民经过 28 年的艰苦奋斗、流血牺牲而实现的。如果要实现共产主义的奋斗目标，那就需要几代乃至十几代人的艰苦奋斗。

我的共产主义理想和信念的形成和确立同我的世界观和人生观的形成和确立是同步的，即经历了从小学、中学到大学的过程，大约花了 16 年的时间。读小学时，还谈不上有什么理想，但志气和目标是有的，那就是小学读完了一定要考取初中，那时整个花桥区（今花桥镇）只有一所正规的初级中学，即广济县花桥中学。记得我垸里与我同期读小学的共有四人，另外三个没有考取普通中学，只有我一人考取了花桥中学。一进初中，我就给自己定下目标，一定要考上高中，当时广济县（今武穴市）只有一所高中即广济县武穴中学。武

---

① http：//www. cctv. com/special/97/5/7724. html。

穴濒临长江，当时我还想，如果考上了武穴中学，我就能看到多年来一直想见的万里长江了。我记得刚到武穴中学的头几天，我每天都到江堤上看那滚滚长江，见到了气势磅礴、一泻千里的长江，我心胸宽广了许多，我又立下了考上名牌大学的目标，因此我更加勤奋刻苦学习，最终考取了武汉大学。1965 年进入武汉大学后，我又确立了新的奋斗目标，即加入中国共产党和考取研究生。刚进大学不久，我即向党组织递交了入党申请书，这时我已初步树立了共产主义理想和信念，接受了马克思主义，决心为共产主义事业奋斗终生。遗憾的是进入大学的第 2 年（1966 年），“文化大革命”发生了，它打断了我不断进取的进程，使得我在大学里入党和读研究生的愿望未能实现。

第三章　修身养性，砥砺意志和品德（上）

上面讲到成才的途径包括确立科学进步的世界观、人生观，拥有崇高的理想信念，刻苦学习科学文化知识、技能，并对世界观、人生观和理想信念的问题作了一些阐述。下面则具体谈谈修身养性方面，即思想品德作风和思想方法的修炼和养成方面的道理和方法。

一、修身养性的含义和重要性

所谓“修身”（又称正身、洁身、治身等），就是“正其心”，使自己心正不邪，通俗地讲就是克服错误的思想观念，确立正确的思想观念；所谓“养性”，就是克服不健康的道德品性作风，培养良好的道德品性作风。总的来讲，“修身养性”就是克服错误的思想观念和不健康的道德品性作风，树立正确的思想观念和培养优良的道德品性作风。

个人能有较好的发展前途，对社会、国家和人民做出较大的贡献，身体、才能、学识固然重要，但思想品德作风和思想方法也绝不可忽视。德和才两者相比，德更为重要。一个人如果有良好的思想品德，其才能的大小就会与其对国家、人民和社会的积极贡献成正比；如果思想反动，道德败坏，其才能的大小就会与其对国家、人民和社会的破坏作用成正比，也就是说其才能越大，对国家、人民和社会的破坏作用越大。我国的封建统治者把人分为四类：一是有德有才，这是国家的栋梁，加以重用；二是有德无才，虽无才但有德，所以不会危害社会和国家，可以小用或不用；三是有才无德，此类人因有才而无德，如果干起坏事来危害就很大，所以国家只能采取不用或杀头、或消灭的方法，让其无法危害社会和国家；四是无德无才者，这类人尽管无德，但也无才，所以对社会和国家不会构成多大的危害，可以不管他。这四类人中，唯独对有才无德者要杀头，可见封建统治者把良好的道德看得何等重要。我们的祖先还把人分为君子和小人两类，认为有良好的道德的人才是君子，君子必须具有仁、义、礼、智、信等品质。东汉张衡讲："君子不患位之不尊，而患德之不崇，不耻禄之不多，而患知之不博。"他说的也是德的重要性。

正因为思想道德品性作风的极端重要，所以中华民族历来重视这方面的修养，始终把陶冶人的思想、道德、情操、品性等放在极为重要的位置。中国古代思想家孔子说："自天子以至于庶人，壹是皆以修身为本。"也就是说，上自天子、下至普通百姓一概都要以修身作为做人的根本。在谈到治国时，孔子等思想家总是把"修身"摆在首位，强调为官必先立德，有良好道德的人才能为官。如《论语》中说："为政以德，譬如北辰，居其所而众星共之。""其身正，不令而行；其身不正，虽令不从。"又如扬子在《法言·先知》中说："政之本，身也。身立则政立矣。"上述内容，用现在的话来说，就是修身立德，陶冶情操，是为人、理政、治国之根本。以高尚的道德情操和优良的品性人格来影响和带动群众，才能令行禁止，政通人和；有优良道德品性的人才能事业有成，为国家和人民做出有益的贡献。

我们党的几代主要领导人批判性地继承和发扬了中华民族重视修身养性的优良传统，都强调了修身养性的必要性和重要性。他们不仅要求各级领导干部和共产党员要加强思想品德修养，也号召广大青年学生注重思想品德的修养。如江泽民于 1998 年 5 月 4 日在庆祝北京大学建校一百周年大会上说："希望你们坚持学习科学文化与加强思想修养的统一。首先要刻苦学习，掌握现代科学文化知识。这是成才的重要前提。要学有专长，同时努力拓宽知识面，用人类社会创造的一切优秀文明成果丰富和提高自己。求知与修养相结合，是中华民族的一个优秀传统。没有好的思想品德，也不可能把学到的知识真正奉献给祖国和人民，也就难以大有作为。青年时期注重思想修养，陶冶情操，努力树立正确的世界观、人生观、价值观，对自己一生的奋斗和成就将会产生长远而巨大的作用。"

因此我们要想为社会、祖国和人民做出有益贡献，为自己争取好的发展前途，除了拥有真才实学和锻炼出强健体魄外，还必须具有好的思想品德作风。

二、修身养性的要求和方法

修身养性的要求和方法主要包括以下几个方面：一是通过学习马克思主义理论进行自我教育；二是通过学习历史等来陶冶和警策自己；三是坚持在实践中改造和磨练自己；四是坚持在批评和自我批评中提高和完善自己。

第一，通过学习马克思主义理论进行自我教育。

人们都不是生而知之的，而是学而知之的。什么样的世界观、人生观、价值观是科学进步的，什么样的理想信念是积极先进的，什么样的思想、道德、品性和作风是好的；怎样才能树立科学的世界观、人生观和正确的理想信念，怎样才能获得好的思想、品德和作风，所有这些都只有通过学习才能找到答案。学习的途径是多方面的，主要有四条：一是通过读书来学习，包括马列理论著作、历史书籍和其他文化典籍等。二是向先人学习。这主要是通过阅读历史著作、人物传记、回忆录以及观看有关的戏剧、电影、电视等，向先辈中的杰出人物学习，包括革命领袖、革命先烈、民族英雄和爱国者，德才兼备的政治家、文学家、艺术家、科学家等。三是向现代人学习，包括先进模范人物、长辈、同学、同事等。

学习马克思主义理论包括马克思列宁主义和中国化马克思主义即毛泽东思想和中国特色社会主义理论（邓小平理论、科学发展观、“三个代表”重要思想、习近平新时代中国特色社会主义思想）是提高思想道德素质和培养好的品性作风的最重要的和最有效的方法。马克思主义是人类科学文明发展的结晶和升华，是人类历史上最科学、最进步的博大精深的科学理论，是经得起社会实践检验和历史发展考验的科学学说。160 多年来，马克思主义已经深刻地改变了世界的面貌，也必将继续改变着世界的面貌。马克思主义是时代的产物，是指引时代前进的旗帜，同时它也随着社会的发展和时代的变化而不断丰富和发展。它的最初发展成果是列宁主义，接着它又同一些国家的实际相结合，得到更普遍的发展，产生了具有各国特点的马克思主义。马克思主义、列宁主义、毛泽东思想及其继承和发展——邓小平理论、“三个代表”重要思想、科学发展观、习近平新时代中国特色社会主义思想是一脉相承的科学体系。

就马克思主义的内容而言，它是一个完整的科学世界观和方法论，是关于自然、社会和思维发展普遍规律的学说，特别是关于资本主义发展和转变为社会主义以及社会主义和共产主义发展普遍规律的学说。马克思主义哲学、政治经济学和科学社会主义是马克思主义的三个主要组成部分。马克思主义哲学揭示了自然、社会和思维发展的普遍规律，是科学的世界观和方法论体系，是马克思主义全部学说的理论基础。政治经济学是研究人类社会生产方式、发展规律，特别是关于资本主义的产生、发展和灭亡规律的科学。科学社会主义是关于无产阶级解放运动发展规律的科学，它以马克思主义哲学和政治经济学为理论依据，论证了社会主义一定要代替资本主义，共产主义理想一定能实现的历史必然性。马克思主义的三个主要组成部分之间相互贯通、交叉渗透，构成了一个内容科学、逻辑严密的统一的理论体系。中国化的马克思主义——毛泽东思想及其在当代的发展即中国特色社会主义理论体系也正是对马克思主义的三个主要组成部分的基本原理原则的继承、运用和发展。

学习马克思主义理论及其在中国的继承、运用和发展——中国化的马克思主义，既能提高我们的马克思主义理论水平，帮助我们树立共产主义世界观、人生观和掌握科学的方法论，又能提高我们的思想品德素质。当然，要达到这样的目的，必须坚持理论联系实际的学风，把学习马列理论同解决自己的世界观、人生观、价值观和思想品德作风方面的实际问题紧密结合起来。在学习马列理论的过程中用马列主义包括中国化的马克思主义这一改造客观世界和主观世界的有力武器来改造自己、武装自己，即用它来同自己不正确的世界观、人生观、价值观和不健康的思想品德作风相斗争，从而达到树立正确的世界观、人生观、价值观和具有良好的思想品德作风的目的。

我自学校开设思想政治课程起就认真学习钻研有关马列主义的理论知识及其基本原理、原则和方法，并用它来指导我的生活、学习和处理人际关系。不管是在初中、高中还是大学，我的政治课程学习成绩都是优秀的。我从初中到高中、大学都担任了班或学校的干部，如学习委员、学习部长兼宣传委员、班长、生活委员。我将学习马克思主义理论与学习文化科学知识的实践、体力劳动的实践、当学生干部的实践结合起来，用马克思主义的基本原理、原则指导实践，促进了我的学习和工作的提高，我在这些实践中也得到了锻炼。大学毕业参加工作后，我深入和系统学习和研究了马克思列宁主义理论，还认真学习和研究了毛泽东思想和中国特色社会主义理论尤其是习近平新时代中国特色社会主义思想，并精心向大学生和党政干部讲授了这些理论，受到他们的好评。同时，我在教学和生活中都用这些理论，如辩证唯物主义和历史唯物主义的基本原理、原则和方法来指导自己，自身能力获得了极大的提升。

第二，通过学习历史等来陶冶和警策自己。

学习历史，了解中华民族优秀思想道德传统，这是进行自我修养的一个很好的方法。中国的历史浩渺博大，蕴含着丰富的为人处世、理家治国的经验，记载着这方面的深刻教训。中华民族的优秀思想道德传统，反映在历史著作和其他文化典籍中。学习历史，从中吸取前人在为人处世、理家治国方面的经验，对于培养我们好的思想品德作风，促进我们成为对社会、祖国和人民有用的人，具有重要的意义。

首先，历史能够帮助人们树立正确的世界观、人生观以及正确的理想信念。历史能以令人信服的事实驳倒各种腐朽没落的世界观和人生观，帮助人们树立科学进步的世界观和人生观即辩证唯物主义和历史唯物主义的世界观和人生观，走上历史必由之路。从历史中我们可以了解到人类社会发展的过程和必然趋势，认识其发展规律，从而促使我们确立共产主义的理想信念。历史还向我们展示了许多光彩照人的英雄形象，留下了许多可歌可泣的英雄业绩，使我们学有所依，做有所本。

其次，历史给我们提供了许多可供借鉴的经验教训。英国著名的唯物主义思想家培根说过：“读史使人聪慧，读史使人明智。”我国清代启蒙思想家龚自珍有句名言：“欲知大道，必先知史。”历史能使人明白事理、增长智慧、开阔胸襟、提高精神境界；历史告诉人们应该如何做人处世，如何理家治国，我们可以从历史中汲取前人成功的经验和失败的教训，使我们在创造历史的活动中变得更加聪明，更加自由，更加自信。

最后，历史是进行以爱国主义为核心的中华民族优秀思想道德传统教育的极好教材。近代著名思想家章太炎说：“夫读史之效，在发扬祖德，巩固国本，不读史则不知前人创业之难，后人守成之不易，爱国之心，何由而起？”所谓“祖德”，也就是中华民族几千年来形成的优秀思想道德，其核心是爱国主义。在我国悠久的历史上，产生过大量反抗外族侵扰、保卫国家安全的民族英雄，也涌现出许多为振兴民族和国家而“鞠躬尽瘁”的优秀人物，学习他们的事迹和优秀思想品德，就必然受其感染，潜移默化，从而使自己也具有爱国主义思想和优良的道德情操和品性作风。同时，从中国历史中我们能了解到中华民族是勤劳、勇敢、智慧、自强不息的民族，创造了光辉灿烂的中华文明，由此必将增强我们的民族自豪感和自信心，鼓舞起建设社会主义新中国，实现中华民族伟大复兴中国梦的勇气和信心。了解昨天的中国，就会更加珍惜和热爱今天的中国，发奋图强，艰苦奋斗，创造更加美好的未来。

至于如何读史，可以借鉴学习毛泽东的读史方法：一是广读与精读相结合。毛泽东读史十分广博，既读官修的正史如《二十四史》《资治通鉴》《清史稿》等，也读野史和历史小说如《三国演义》《中国历代通俗演义》等，还把一些古典文学小说如《红楼梦》《金瓶梅》等也当做历史来读。同时，毛泽东在广读的基础上进行了精读，有些史书如《春秋》《左传》《史记》《汉书》《三国志》《资治通鉴》等著名史书，他是从小读到老，三复四温，百读不厌。一些历史小说如《三国演义》《水浒传》等，也是反复读过多遍。对于一般人来讲，当然很难做到如毛泽东那样博览群书，但是他的广读与精读相结合的方法是完全可以借鉴的。笔者认为，简明的中国通史、世界通史是应该读一读的。一些著名的中国古代史书如《春秋》《史记》《汉书》《三国志》《资治通鉴》以及《三国演义》《水浒传》《岳飞传》《隋唐演义》等历史小说也是应该读一读的。毛泽东当做历史来读的文学小说如《红楼梦》也是可以读读的，乃至读多遍。还有《毛泽东评点古今人物》《毛泽东评点二十四史》《中外历史问题八人谈》和我写的《毛泽东读史鉴史用史》等书也是可以读读的。另外，一些反映历史和中华民族优秀文化传统的戏剧、电影和电视片，应该多看些，从中可以得到很多启示和教育，其中重点应放在中国近现代史、世界近现代史、中国革命史、中共党史和中华人民共和国史方面。

二是日积月累，持之以恒。要把读史、看历史剧和反映中华民族优秀思想道德传统的文化典籍作为自己生活的一部分，作为陶冶身心性情的一项有意义的活动。学习、工作之余，如节假日、周末乃至饭后睡前都可以用来读一读历史书籍，看一看历史剧，这既是一种休息，又能从中得到一些教诲。毛泽东是把工作以外的一切可以利用的时间，如坐车的时间、吃饭的时间乃至量血压和打针的时间都用来读书，对他来说休息就是读书，读书就是休息。

三是阅读与研究和运用相结合。毛泽东读史的目的在于“古为今用”“史为实用”，所以他一生自始至终都注重对历史知识的运用和对历史经验及教训的借鉴和吸取。他运用历史知识既十分广泛、娴熟，又非常灵活，富有创造性。在他的讲话、诗词、书信中运用的历史知识既有各种历史人物、历史事件，又有历史典故、历史传说和古代神话等。他借鉴的历史经验教训，既有农民起义的经验教训，又有历朝历代统治者治国治军的经验教训，还有各种历史人物的品德秉性、立身处世的经验教训。他在文章中引用这些知识往往是信手拈来，得心应手，恰到好处；口头交谈时，常常是脱口而出，绘声绘色，生动有趣，而且他在引用时是紧密联系实际，灵活而富有创造性的。我们在读史时也应该像毛泽东那样，将读、研、用紧密结合起来，边读边思考，从中总结出有益的经验教训并灵活运用于我们的为人处世和工作实践中。

我是毕业于武汉大学历史系的，我在大学里攻读了中国通史、世界通史，还阅读了大量历史资料，看了不少历史小说和野史，如《东周列国志》《二十四史》《资治通鉴》《清史稿》等，还看了大量评点和研究历史的著作和文章，如《毛泽东评点二十四史》《毛泽东评点古今人物》《中外历史人物八人谈》等，也看了不少历史戏剧，如《赵氏孤儿》《将相和》《杨家将》等。阅读历史著作、看历史小说和戏剧等与学习通史相结合，既帮助我确立正确的世界观、人生观及理想信念，又开阔了我的胸襟，提高了我的精神境界和道德水平，增长了我的智慧，使我在学习、工作、做人处世上吸取了前人的经验和教训，还促进了我的身心健康，增加了我的人生欢乐。

第三，坚持在实践中改造和磨练自己。

实践是锻炼人的熔炉。任何人要想成为有用之材，除了学习之外，还必须经过实践的锻炼。这种实践是多方面的，包括生活实践、学习实践、工作实践（劳动生产、科学实验、革命斗争等）。在没有从事工作之前主要是生活实践、学习实践，也就是说，对于青少年学生来说，主要就是在生活、学习和各种社会实践活动中锻炼自己。一般来讲，生活越艰苦，学习或工作环境和条件越差，越能锻炼人的意志和毅力，促使人养成艰苦奋斗、勤俭朴素的作风和不怕艰难困苦的品质。青少年时代经受劳动锻炼、养成劳动习惯的人，一般是热爱劳动和热爱劳动人民的。青少年时期经过刻苦学习锻炼的人，走上工作岗位后也往往能勤奋敬业，不甘落后。

刘少奇在《论共产党员的修养》中指出："要变成为很好的政治上成熟的革命家，都必须经过长期革命斗争的锻炼，必须在广大群众的革命斗争中，在各种艰难困苦的境遇中，去锻炼自己，总结实践的经验，加紧自己的修养。"他说在历史上担当大任起过作用的人物，都经历了一个艰苦的实践斗争锻炼过程。历史的事实印证了刘少奇所说。例如：建州女真的杰出首领努尔哈赤，早年生活坎坷，靠采松子、挖人参出售为生。后投靠在明朝辽东总兵李成梁手下当兵，经过艰苦斗争实践的锻炼，他成了不怕千难万险、足智多谋、武艺超群的杰出人才。他用父亲留下的13副铠甲起兵，创立八旗制度，经过30多年的艰苦奋斗，逐步统一了女真各部族，建立了后金政权。明朝卓越的医药学家李时珍，出身医学世家，受家庭环境的影响，从小就对医学产生浓厚的兴趣，20多岁开始行医。长期的行医实践，使他养成了诊断认真、热心为病人服务的优良品质和作风，同时也使他积累了丰富的行医经验，了解了大量的药物，这为他写成药物学巨著《本草纲目》奠定了坚实的基础。

近现代的孙中山、毛泽东、周恩来、刘少奇、朱德、邓小平、陈云、李先念、彭德怀等革命家都是在革命斗争实践中锻炼成长起来的。我们党的第十九届中央政治局常委和委员大都是在长期的工作实践中锻炼出来的，他们中不少人都是从当工人、技术员或大学政治辅导员开始的。现任中共中央总书记的习近平在农村插队锻炼多年，从担任大队支部书记开始，经受了多年的当基层干部的实践锻炼，最后才担任了党中央的总书记、中央军委主席和中华人民共和国主席。现任国务院总理李克强同习近平一样也是在农村插队劳动锻炼多年，后担任基层干部多年，最终才担任国务院总理的。所以江泽民向北大学生说："希望你们坚持学习书本知识与投身社会实践的统一。要健康成长，不仅要学习书本知识，而且要向社会实践学习。”① 社会实践是青年锻炼成长的有效途径，青年人要在实践中磨练意志、砥砺品格。

第四，坚持在批评和自我批评中提高和完善自己。

运用自我批评的武器进行积极的思想斗争，自觉接受领导、同事（同学）、下级和群众的批评监督，也是进行修身、提高自身素质的有效方法。我们常说：“金无足赤，人无完人。”人生在世，孰能无过。不管是普通百姓，还是领导干部乃至领袖人物，都或多或少地存在着弱点和不足，都会不同程度地犯有错误。可以说，一点错误都没有的人，现实世界中一个也没有。毛泽东就多次说他犯有错误，甚至许多错误，并且主动地向人们讲述他犯过的错误。1945 年他在党的七大上向全体代表说：“在二十多年的工作中，无论在军事、政治各方面，或在党务工作方面，我都犯了许多错误。”② 1959 年 9 月，他在一次会议上讲：人非圣贤，孰能无过，我也是一个甚为不足的人。1961 年 6 月，在中央工作会议上他又一次讲到他的缺点错误，并要求大家把他所讲的自我批评的话传达到各省各地去。邓小平也多次讲到他犯了不少错误，并说“文化大革命”的错误他也有份。

正因为任何人都不可能没有缺点，不可能不犯错误，所以批评和自我批评就不可缺少。主动积极地进行自我批评，虚心自觉地接受别人的批评和监督，是克服弱点和缺点，改正错误，不断提高自身素质的重要保障。如果一个人既不虚心接受别人的批评监督，又不自觉地进行自我批评，那他就不可能取得进步，甚至还会走上犯罪的道路。

我国是一个封建历史很长的国家，腐朽没落的封建主义思想残余

---

① 《江泽民在庆祝北京大学建校一百周年大会上的讲话——传承和发扬五四运动的光荣传统》，《人民日报》1998 年 5 月 5 日。

② 《毛泽东文集》第三卷，人民出版社 1996 年版，第 298 页。

还没有肃清，还会给人们造成不良影响；改革开放过程中乘虚而入的西方资产阶级拜金主义、享乐主义和极端个人主义也会影响我们。面对这些不良东西的影响，只有运用批评和自我批评的武器，开展积极的思想斗争才可抵御和克服它。

通过自我批评加强自身修养，就是要增强自重、自警、自律、自省意识和自我约束力，经常主动积极地检查自己、督促自己，发现缺点和错误就及时改正。要使自己的优点、长处不断得到发扬，正确的得以坚持；使自身的弱点、短处不断得到克服，错误的得以纠正，从而不断提高自己思想道德等方面的素质。

通过批评监督促进自身的提高，就是要自觉接受领导和周围同志（如同事、同学等）的批评和监督，克服自身的不足和防范消极东西的影响。俗话说："旁观者清，当局者迷。"不足和错误自己往往不易察觉，而旁人却看得比较清楚。一个乐于征求别人意见、接受别人批评和帮助的人，必然能够取得较快进步和较大发展；而那些"讳疾忌医"、自我封闭和自以为是的人，是很难有较快进步和较大发展的。所以，我们每个人，尤其是领导干部和青年学生，一定要注意虚心接受别人的批评监督，主动积极地争取别人的帮助，养成谦虚谨慎、"闻过则喜"的品格作风。

我经过多方面的长期锻炼，通过对马克思主义和对中华民族优秀思想道德传统的学习，具备了敢于坚持真理、修正错误以及指出他人乃至领导者包括顶头上司的缺点和错误的品格。我还能经常反省自己、检讨自己，既不妄自菲薄，也不盲目自信、自大和自满，做到既正视自己的缺点和弱点，也欢迎他人包括领导、同事、同学指出自己的不足和错误，不讳疾忌医。即使是自己的妻子儿女，我也乐意同他们讲出自己的弱点和失误，还让他们指出我的不足和失误。我在职时经常会在会议上向领导和同志们主动检讨我的缺点和错误，向学生们讲课时也常谈自己一生的不足和失误。退休后的十多年里，我仍然保持在职时的作风，只要是召开党员会议，特别是民主生活会，我就率先发言检讨自己的缺点和错误。我深知自己一生最大的缺点就是遇事不够冷静，容易冲动，正如我大学老师王承仁教授所指出的，我是一个“一触即跳的将军”。我的这一弱点给我的工作和进步带来了不少阻碍。另外，在对子女的教育和工作安排方面，我也出现了一些失误，从而给子女带来了不好的影响。

第四章　修身养性，砥砺意志和品德（下）

一、应该具有的思想品德作风

思想品德是人之灵魂，做人的根本。人与一般动物的根本区别就在于人有思想、意志、情感，讲求道德、气节、情操、作风。前一章已经讲述养成良好思想品德作风的途径和方法，这里再讲讲作为社会主义中国的公民应该具有怎样的思想品德作风。

首先，应该具有的正确思想。就思想而言，我认为在国家存在的情况下，或者说在世界未进入共产主义社会、国家未消亡的时候，任何一个正直的人，都要有爱国主义、集体主义和为社会服务、为人民服务的思想。作为中国共产党员和领导干部，则应该有更高的要求，即要树立社会主义乃至共产主义思想，全心全意为人民服务的思想。

何谓爱国主义，从马克思主义观点来看，爱国主义就是人民热爱、忠诚、报效祖国的一种融情感、思想和意志于一体的社会意识形态，是人类社会历史进程中形成、发展、巩固起来的一种团结、凝聚国家和民族，推动历史发展的强大精神力量，也是调节个人与国家、民族关系的基本政治、道德和人生价值规范。热爱生我养我的故土和祖国山河是爱国主义的主要内容，热爱祖国各族人民是爱国主义的集中体现。

爱国主义是中华民族的优良传统，它同自己的祖国一样历史悠久，源远流长。但不同的历史时期，不同的社会制度，爱国主义又有不同的时代内容和表现形式。按照中国历史的发展进程，它可以大致分为古代的爱国主义、近代的爱国主义和当代的爱国主义。当代的爱国主义也就是社会主义时期的爱国主义。我们所要确立的爱国主义应该是社会主义时期的爱国主义。确立这种爱国主义，就是要坚持热爱祖国与热爱社会主义的统一、热爱祖国与热爱中国共产党的统一、热爱祖国与热爱人民民主专政的统一，同时，还要坚持马克思主义的指导。总之，就是要把热爱祖国与坚持四项基本原则统一起来。作为社会主义中国的公民，特别是共产党员、青年学生，都应该树立当代爱国主义思想，做坚定的爱国者，自觉维护祖国的安定、团结和统一，积极投身祖国的社会主义建设实践，为把祖国建设成现代化强国做出应有的贡献。

共产主义思想是人类最先进最崇高的思想，它的内涵不仅仅是为自己的民族和国家服务，而且是为全世界人民谋福利。马克思说，无产阶级只有解放全人类，自己才能解放。这就告诉无产阶级，要为全人类的解放和幸福而奋斗。社会主义中国的青年是社会主义和共产主义事业的接班人，也应当树立共产主义思想。

其次，应该具有的品德作风。就道德品行而言，我认为作为社会主义中国的公民都应具有下列几点：

第一，诚实守信。就是忠诚老实，说话做事讲究信用，说到做到，言行一致，表里如一，不讲空话、假话，不阳奉阴违、欺上瞒下、出尔反尔。

诚信是中华民族的传统美德，是个人立身处世之本，是社会主义事业接班人和建设者的基本素质要求。《春秋·穀梁传》中说：“言而无信，何以为言？”晋朝傅玄说：“祸莫大于无信。”一个信用缺失、道德低下的国度，不可能拥有健康向上的民族精神，不可能有快速的经济发展，不可能有积极向上的社会进步；一个不讲诚信、道德败坏的人，不可能有好的发展前途，不可能为国家和人民做出有益的贡献。

近些年来在利益的诱惑和市场经济的压力下，我国经济活动中出现了较为严重的不讲信用、欺蒙诈骗的现象，社会上假货、假文凭、假学术之风盛行，连给人治病的药品、给人充饥的食品、给幼儿食用的奶粉等也都有假的，甚至和尚、尼姑、乞丐也有假的。报纸上不断有人发表时评，指出近些年来在大中学生中出现了“诚信危机”，列举了不少大学生、中学生中出现不讲诚信的事例，希望大中学校的教育工作者在学生中加强“诚信教育”，切实补上这一课。的确，青年学生中出现不讲诚信的现象除了社会不良风气的影响、家庭教育的缺失和自身的原因外，学校的教育也存在明显的不足。所以学生自己要加强修养，家庭要加强诚信教育，社会要尽力消除遏制不讲诚信的风气外，学校也必须对学生进行有效的诚信教育。人民教育家陶行知将教与学的真谛明确地概括为：“千教万教教人求真，千学万学学做真人。”叶圣陶曾强调指出：“我们的人格教育第一个要素就是诚实。社会上许多罪恶都生于虚伪。待人不诚，于是有欺诈凌虐；待己不诚，于是有失节败行。这种风气，学校教育要负大部分责任。”作为担负教书育人双重责任的教师，教导学生具有诚实守信的品德是应尽的职责。

第二，仁爱宽厚。即富有爱心，孝敬父母，尊重老人，爱护弱小，乐于助人，注重团结，宽以待人。《论语》中有这样一段话：“弟子，入则孝，出则悌，谨而信，泛爱众，而亲仁。”译成白话文就是：“你们这些后生，在家要孝顺父母，外出要尊敬兄长，少说大话而诚实守信，博爱大众而亲近仁德的人。”这里提出的首个要求就是“仁厚”，虽然染上了浓重的封建色彩，但加以扬弃、改造之后，还是应该加以继承和发扬的。

近些年来社会上见死不救，子女不赡养父母、兄弟相残、姐妹相争，捕猎需保护的动物等事件时有发生。这些情况表明，树立仁爱之心对于青少年学生是何等重要和必要！要让他们仁爱宽厚，一方面要引导青少年自己加强这方面的学习和修养，另一方面家长和学校的教育工作者也要加强这方面的教育（“善良教育”“仁爱教育”等）。

第三，大度乐观。即胸怀广阔，有容人的雅量；能经受挫折和压力，遇难不退，受挫不馁，可伸可屈。这一点对于人们立身社会、有所作为十分重要。心胸宽阔，能屈能伸，不怕挫折和压力，方能成就大事。纵观古今中外，大凡有所作为的人，除自身才智卓越和执着追求外，还有一个共同点，就是胸怀大度、能屈能伸。他们能以自己开阔的胸襟去对待世间的人和物，用那颗博大的心去容忍世界的冷嘲热讽。《史记·魏公子列传》中记载着这样一个故事：信陵君颇喜结交有才能的人，一次他听说大梁城东门的守门人侯嬴很有才能，于是去请他，侯嬴很不客气，上车后坐在上座，让信陵君赶车。车到闹市后，侯嬴又与好友朱亥长时间交谈，将信陵君晾在一边。回到公子府后，信陵君大宴宾客，推侯嬴坐上席，并亲自给他敬酒。这则故事描写的虽然是小事，但却反映了信陵君那种博大的胸襟。以信陵君堂堂魏国公子的身份给侯嬴这个守门人驾驭马车，耐心等待，主动敬酒，如果没有恢宏的气度，开阔的胸怀，是绝对不可能的。正因为信陵君礼贤下士，所以侯嬴为他献计出策，尽心尽力。

像信陵君这样胸怀大度而有作为的人，在中国历史上屡见不鲜。如齐桓公不计前嫌，敢于重用昔日“政敌”管仲，终于在管仲的辅佐下，成为春秋五霸之一。西汉开国元勋张良，早年以其宏大气量三次给一位老者穿鞋，毫不计较老者的傲慢言行，从而从这位老者那里得到奇书，刻苦学习，终成大业，成为汉初一杰。同为“汉初三杰”之一的韩信，更是在众目睽睽之下，忍受“胯下之辱”，不与小人计较而避过灾祸。唐太宗李世民任用原先替其政敌李建成效力的魏徵，并以魏徵为镜，广纳谏言，勇于改过，终于成就了“贞观之治”的辉煌业绩。宋代真宗朝的宰相王旦，堪称大家风范，实有宰相襟怀。寇准也是宋代名臣，但气量褊狭，他多次在真宗面前诋毁王旦，王旦却豁达大度，以德报怨，在真宗面前褒扬寇准。真宗问他何以如此，他说：“臣在相位久，政事厥失必多，准对陛下无所隐，益见其忠直，此臣所以重准也。”王旦临终时，真宗问谁可继任为相，王旦只推荐寇准一人，寇准后来成了一代名相。三国时的曹操也是一个豁达大度的人。学者陈琳在袁绍手下时，曾写了轰动一时的讨伐曹操的檄文，大骂曹操，甚至累及其祖宗八代。后袁绍败亡，陈琳被捕，曹操爱慕陈琳的才华，不但没有记恨前仇，反而委以重任，陈琳深受感动，为曹操效劳不遗余力。

中国近代著名将领蔡锷在任云南都督时，有一次微服私访，体察民情，入夜才回都督府。新来的卫兵不认识蔡锷，见他衣冠不整，又没有任何证件，便不让他进去。蔡锷无法，对卫兵说：“请你通报一声，我要会见都督夫人。”卫兵听后打了蔡锷两个耳光。有个参谋闻声跑了出来，一看，大惊失色，高喊：“都督!”蔡锷被参谋扶进办公室后，找了一张纸，写了一道手令，提拔打他的那个卫兵当排长。参谋去找那个卫兵，可卫兵知道自己打的是都督后，害怕极了，早就扔下枪逃走了。还有家喻户晓的刘备“三顾茅庐”的故事，等等。可见胸怀大度、能屈能伸是一种优良品质，立志有大作为者都应该具有这种品质。

第四，公正耿直。即勇于坚持真理，主持正义，办事公道，不畏权势，敢讲真话实话，有古人所说“宁为玉碎，不为瓦全”、“不为五斗米折腰”的骨气，也就是被毛泽东称赞的鲁迅先生的硬骨头精神。具有这种品质的人中国历史上也是颇多的。例如：春秋时期的齐国史官太史季兄弟。太史季的大哥任史官时，如实记载了大臣崔杼杀齐国国君的事实，崔杼拔剑威逼其改写为“齐王患冷热病致死”，他大哥坚决不肯，终遭杀害。他二哥继任史官，又如实记载了崔杼杀齐王之事，同样遭到杀害。太史季接任史官，崔杼认为他再也不敢如实记载了，谁知他照样秉笔直书。又如西汉时期汉成帝的谏官朱云性子刚毅，敢于犯颜诤谏，不畏生死；东汉时的董宣，正直刚强，脖子被人按着仍强伸着颈项诤谏，人称他为强项令；唐朝的魏徵、徐有功、宋璟、谢瑶环（武则天的女官）、李白；宋朝的包拯、吕蒙正；明朝的海瑞、于谦；清代的纪晓岚、于成龙和康熙帝时的一代名相张廷敬、郑板桥；近现代的何香凝、范长江、闻一多、李公朴、马寅初、许世友等，他们都生有一副硬骨头，绝不为权势折腰。

何香凝是中国现代画家，政治家。她 26 岁时参加孙中山领导的同盟会。蒋介石叛变后，她辞去在国民党内的一切职务，与其他国民党左派一起组织了“民革”。三国时有诸葛亮三气周瑜的故事，现代史上则发生了何香凝三气蒋介石的故事。第一次是 1927 年 12 月 1 日，蒋介石与宋美龄结婚，蒋介石邀请何香凝当证婚人，遭何香凝拒绝。第二次是何香凝到南京，要求蒋介石给予抗日将士以物资援助，蒋设宴款待，不停地往何香凝碗里夹菜，却只字不提援助之事。何香凝气愤地连碗也没有端就回到了上海，把自己的一条裙子，寄给蒋介石，并附诗一首：“枉自称男儿，甘受倭奴气。不战送河山，万世同羞耻。我寄妇女衣，愿往沙场死。将我巾帼裳，换汝征衣去。”第三次是何香凝的儿子廖承志被国民党特务逮捕后，蒋介石害怕何香凝到重庆评理，就派人送来 10 万元的支票，何香凝在信封背面写下“闲来写画营生活，不用人间造孽钱”这 14 个字，把信与支票原封不动地退了回去。何香凝以青松、翠竹、白梅、幽兰等画作抒情寄志，她一身正气，品洁行高，为人称道。

第五，礼让谦逊。即谦虚谨慎，讲文明，懂礼貌，将方便荣誉让给他人，将困难留给自己。不好出风头，不好为人师。具有这种品格的人，古今中外层出不穷，这里仅举两例。

毛泽东说："谦虚使人进步，骄傲使人落后。"他自己就是一个非常谦虚的人。毛泽东诗笔出神入化，他的词作《沁园春·雪》1945年重庆谈判期间在报纸上发表，轰动整个山城，国民党文人也不得不承认其为上乘之作。即便如此，毛泽东也不认为自己的诗词写得好。1952年元旦，东北大学历史系的罗元贞老师写信给毛泽东贺年，谈及毛泽东的诗《七律·长征》（原版），建议将"金沙浪拍云崖暖"一句中的"浪"字改为"水"（因为这个"浪"字与上联"五岭逶迤腾细浪"的"浪"字不协调）。毛泽东欣然同意并亲笔复信，称罗元贞为"元贞先生"，感谢他的好意，还"顺致教祺"。1965年，时任国务院副总理兼外交部长的陈毅，写信给毛泽东请求改诗。毛泽东复信陈毅说："你叫我改诗，我不能改。因为我对五言律，从来没有学习过，也从没有发表过一首五言律……我偶尔写过几首七律，没有一首是我自己满意的……剑英善七律，董老善五律，你要学律诗，可向他们请教。"①

中国现代军事家许光达，在我军首次授衔时（1955年），时任装甲兵司令，听说自己列入了10员大将之列，立即递交了一份降衔申请："为了心安，为了公正……我诚恳慎重地向主席、各位副主席申请：授我上将衔，另授功勋卓著者以大将。"② 在中央军委会议室，毛泽东高扬起许光达的降衔申请，对十大元帅说："这是一面明镜，

① 参见《人民日报》1977年12月31日一版。
② 吴文珑：《新中国成立初期将帅让衔》，《学习时报》2020年2月14日。

共产党人自身革命的明镜。”“500 年前大将徐达，二度平西，智勇冠中州；500 年后大将许光达，几番让衔，英名天才扬。”①

下面再举一例，说明讲文明、懂礼貌的重要性：一家著名跨国公司招聘一名管理人员，通过层层筛选，有 3 位实力不相上下的候选者进入最后的角逐。人事部门经理在和他们进行了一次面谈后，毫不犹豫地选择了其中的一位。这位经理解释说：“原因很简单，他是 3 人中唯一一个进入办公室向我点头道早安，并用双手接过我的名片；见到有其他人进来时，起身表示敬意，离开时将一次性茶杯主动收起放入垃圾桶内的人。”讲文明、懂礼貌使这位应聘者赢得了一次发展的机会。

第六，遵纪守法。即自觉遵守宪法和法律，严格遵守单位（所在学校、组织、工作单位）的纪律和公共场所（所在城市、街道、娱乐场所、旅馆、饭店、图书馆、体育场馆等）的规章制度。

第七，勤劳俭朴。即热爱劳动，勤恳敬业，节俭朴素，以艰苦朴素为荣，以奢侈浪费为耻。勤俭也是中华民族的传统美德。《周易》中讲奉行节约就会吉祥如意，不愿节俭会遭遇凶险与不幸。唐代诗人李商隐在《咏史》诗中总结道：“历览前贤国与家，成由勤俭败由奢。”俭可以养德，俭更能炼志。节俭代表的是节制、理性、昂扬进取，是积极的精神，它能促进个人和社会的进步；奢侈代表的是放纵，缺乏追求和责任感，是消极的表现，它会拖个人和社会进步的后腿。勤俭对于国家和个人都有举足轻重的意义。

我们今天的经济条件好了，生活水平提高了，但勤俭节约、艰苦朴素的美德不能丢。当然，这不是说应该花的钱不花，当“守财奴”，而是要量力而行，要适度、健康地消费，不要比阔气讲排场，

---

① 吴文珑：《新中国成立初期将帅让衔》，《学习时报》2020 年 2 月 14 日。

不要打肿脸充胖子，不能铺张浪费。现在社会上就存在严重的盲目攀比、铺张浪费的现象，这种不良现象也波及学校。这种高消费上的紧跟令人担忧。如此“紧跟”，一则给学生的家庭带来负担；二则不利于培养学生的艰苦奋斗精神；三则给学生引发相互攀比的心理，一些家庭困难的学生难免产生自卑情绪，甚至有个别学生为了能“紧跟”而误入歧途。

第八，知耻明辱。人要有羞耻感，知耻是做人的基础。良心观念和道德责任感，只有在羞耻感的基础上才能萌动、产生、发展和完善。在中国古代的道德操守中，廉耻历来被视为“立人之大节”。“耻之一字，乃人生第一要事。”因为自己言行的过失而有羞耻惭愧之感，对自己违背道德的行为产生不体面、不光彩的心理，由于周围人的责备而产生自责心理，这就是人之所以为人而必须具有的最起码的羞耻感。

良心是道德主体以自律准则的形式积淀下来的道德自制能力。人们培养良心，磨练道德自制能力，必须以羞耻感为基础。孟子说：“无羞耻之心，非人也。”不知耻，就不是一个严格意义上的人。羞耻感如缺失，做人则无以治己，做事则无以治事。悔过，也离不开羞耻感。朱熹说：“人须知耻，方能过而改。”康有为说：“人之有所不为，皆赖有耻之心，若无耻心，则无事不可为矣。”为民，无耻则害己；民知耻，社会风气才能完美。为官，无耻则祸国殃民；官知耻，国才能昌盛，百姓权益才有所保障。所以，我们每一个人首先都必须有羞耻感，知耻明辱，要在道德操守上严格做到有所为有所不为：该干的，符合道德义务的，一定要干且尽力干好；不该干的，违背道德义务的，一定要抵住诱惑，坚决不干。

以上所讲的这些，也就是对古人所提倡的仁、义、礼、信、廉、耻等的改造和发展，《公民道德建设纲要》中提出的二十字方针在此基本上得到了概括。这二十字方针是爱国守法、明礼诚信、团结友善、勤俭自强、敬业奉献。党的十八大又首次提出，要倡导富强、民主、文明、和谐，倡导自由、平等、公正、法治，倡导爱国、敬业、诚信、友善，积极培育和践行社会主义核心价值观。这与中国特色社会主义发展要求相契合，与中华优秀传统文化和人类文明优秀成果相承接，是党凝聚全党全社会价值共识做出的重要论断。富强、民主、文明、和谐是国家层面的价值目标，自由、平等、公正、法治是社会层面的价值取向，爱国、敬业、诚信、友善是公民个人层面的价值准则。这 24 个字是社会主义核心价值观的基本内容，为培育和践行社会主义核心价值观提供了基本遵循。面对世界范围内思想文化交流交融交锋形势下价值观较量的新态势，面对改革开放和发展社会主义市场经济条件下思想意识多元的新特点，积极培育和践行社会主义核心价值观，具有重要的现实意义和深远的历史意义。

上文讲到的应该具有的思想品德作风是我通过学习马列主义及中国化的马克思主义以及中国历史，同时总结我自己一生的经验教训而得出的。我作为中华民族的一员，作为中华人民共和国的公民，作为中国共产党的一员，是深爱着中华民族大家庭和祖国母亲的。爱国主义思想扎根于我的内心，几十年来我没有丝毫动摇，为了民族和国家利益我决心不惜献出自己的生命。作为一名真正的共产党员，我牢固树立了共产主义思想，为了共产主义事业我可以赴汤蹈火。就品德作风而言，我具备了前面所讲的诚实守信、仁爱宽厚、公正耿直、遵纪守法、勤劳俭朴、知耻明辱的品德作风，基本上具备大度乐观、礼让谦逊的品质。现在我又同全党全国人民一道学习和践行社会主义核心价值观，力争做到生命不息，学习和践行不止。

二、应该具有辩证唯物主义的思维方法

一个人要在事业上取得成功，有所作为，有所贡献，除了前面所说的，要有好的思想品德作风，要有真才实学和健康的体魄之外，还要有科学的思想方法，即辩证唯物主义的思维方法。具体地讲，就是分析和处理问题要坚持用唯物辩证的观点和方法，也就是用实事求是的，联系的全面的发展的观点和方法来观察、分析和处理问题。如果不是这样，一则不可能正确地观察和分析问题，找不出切合实际的解决问题的办法和措施，因而也就难以成功地解决问题；二则不能正确认识自己和正确对待他人，就不能处理好人际关系，因而也就影响自己的进步和事业上的成功。这方面的道理大家通过学习马克思主义哲学即可知道。这里只讲毛泽东给江青的一封信和几个历史故事，以使大家从中得到一些启迪。

1966 年 7 月 8 日，毛泽东在给江青的信中说："晋朝人阮籍反对刘邦，他从洛阳走到成皋，叹道：世无英雄，遂使竖子成名。……我是自信又有些不自信，我少年时曾经说过：自信人生二百年，会当击水三千里，可见神气十足了。但又不很自信，总觉得山中无老虎，猴子称大王，我就变成这样的大王了。……我曾举了后汉人李固写给黄琼信中的几句话：峣峣者易折，皎皎者易污。阳春白雪和者盖寡。盛名之下，其实难副。这后两句，正是指我。我曾在政治局常委会上读过这几句。人贵有自知之明……事物总是要走向反面的，吹得越高，跌得越重，我是准备跌得粉碎的。"① 在这封信中，毛泽东运用唯物辩证的观点和方法，借用古人的话，既作自我剖析，也给中央常委们

① 陈晋主编：《毛泽东读书笔记解析》，广东人民出版社 1996 年版，第 1005 页。

和江青以教育。信中说到他自信又不很自信、山中无老虎猴子称大王等，反映了他的谦虚和对自我的清醒认识。总之毛泽东是在警诫自己和教育大家要有自知之明。

1974年11月12日，毛泽东在江青给他的信中批示："不要多露面，不要批文件；不要由你组阁（当后台老板），你积怨甚多，要团结多数。至嘱。人贵有自知之明。"① 这是毛泽东针对江青竭力弄权，到处作报告，缺少"自知之明"，再次给她以警诫。几天后即11月20日，毛泽东又给江青写了封短信，说："可读李固给黄琼书，就思想、文章而论都是一篇好文章，你的职务就是研究国内外动态，这已经是大任务了，此事我对你说了很多次，不要说没有工作。此嘱。"② 毛泽东再次叫江青读"李固给黄琼书"，是再一次告诫她要有自知之明。遗憾的是，江青权欲熏心，根本听不进去毛泽东的多次劝告，最终落得个受人民审判的下场，成为教育人民的反面教员。"人贵有自知之明"是至理名言，我们应该牢记不忘，并时时用以警策自己。

关于如何待人和论事，在中国古代有许多事例，我们可以从中总结和吸取经验教训，例如：

战国时有个叫宋玉的人，他是战国时著名的辞赋家，曾在楚国做官。登徒子是楚国大夫，他在楚王面前说宋玉："体貌闲丽，口多微辞，又性好色"，劝楚王不要带他进出后宫，楚王将登徒子的话告诉了宋玉，宋玉为自己辩解，并反过来攻击登徒子好色。宋玉说："体貌闲丽，所受于天地也；口多微辞，所学于师也；至于好色，臣无有也。"接着，宋玉用其邻家有一位美貌女子登墙窥视他三年，他也不

---

① 陈晋主编：《毛泽东读书笔记解析》，广东人民出版社1996年版，第1005页。

② 陈晋主编：《毛泽东读书笔记解析》，广东人民出版社1996年版，第1006页。

为之心动，来证明他并不好色，同时宋玉反过来攻击登徒子说："登徒子的妻子丑不堪言，但'徒子悦之，使有五子'，请楚王仔细想想，到底谁是好色之徒。"楚王听后"称善"。宋玉从而获得了信任，登徒子反倒成了喜好女色、品行不端的同义语，千古流传。其实宋玉为自己辩解的话不无道理，但反过来攻击登徒子好色的这段话，完全是颠倒黑白，是形而上学的。从本质上看，应当承认登徒子是个好人，娶了这么丑的女人，还能与她相亲相爱和睦相处。用现在的话讲，登徒子是一个爱情专一的、遵守婚姻法的模范丈夫，怎能说他是"好色之徒"呢？我觉得，在改革开放几十年，两性关系较混乱的今天，登徒子这样的人尤其值得我们学习。

《南史·孔靖传》中有这样一段记载："琇之有吏能，仕齐为吴令。有小儿，年十岁，偷刈邻家稻一束，琇之付狱案罪。或谏之，琇之曰：'十岁便能为盗，长大何所不为？'"孔琇之是南朝齐武帝时人，宋武帝大臣孔靖的孙子。上面这段记载是说他在吴县当县令时，不听人劝阻，把一个偷割邻家一小捆稻子的10岁小孩送往衙狱治罪的事。其理由是："十岁便能为盗，长大何所不为？"就这样，传记作者还称赞他"有吏能"。孔琇之治小孩罪的推论是没有道理的，犯了形而上学的错误，不是用唯物辩证的观点去看待人。人是随着环境、条件乃至年龄的变化而变化的，这种变化既有向坏的方向发展之可能，亦有向好的方向发展之可能。孔琇之和传记作者只看到小孩向坏的方向变化的可能性，却忽略了他向好的方向变化的可能性，事实上，只要对小孩进行教育引导，小孩变好的可能性是很大的。

《后汉书·陈寔传》记载，东汉灵帝时的陈寔当过县令一类官。有一年闹灾荒，一天晚上，有个小偷去他家行窃，趴在屋梁上等待时机下手，被陈寔发现了。陈寔并没有大喊捉贼，而是起床穿戴整齐，把儿孙们唤醒，召集在一起，很严肃地训导说："夫人不可不勉。不善之人，未必本恶，习以性成，遂至于此。梁上君子者，是矣！”小偷听后，又惊恐，又感动，于是自己从梁上下来，向陈寔叩头请罪。传中还描述陈寔劝小偷说：“视君状貌，不似恶人，宜深克己反善，然此当由贫困”，并赠给他两匹绢。陈寔认为人在一定条件下变坏，也可以在一定条件下变好的观点，以及他对小偷所采取的方法是唯物辩证的观点和方法，不仅应该充分肯定和赞扬，而且值得当代的领导干部和广大党员学习的，值得青少年学生学习的。

我自确立了马克思主义的辩证唯物主义和历史唯物主义的世界观和方法论后，遇事时都坚持采用唯物辩证的观点和方法。具体地讲，就是观察、分析和处理问题，都坚持用实事求是的联系的全面的发展的观点和方法。例如我教授中国近代史纲要、毛泽东思想和中国特色社会主义理论体系概论、马克思主义原理等课程，从教材处理、课堂讲授到考试阅卷等都运用唯物辩证的观点和方法，对待教材我既不脱离教材又不拘泥于教材，而是将教材上所讲内容与国际国内、古往今来、自己和他人包括学生的实际紧密结合起来，写出生动活泼的教案，向学生讲解，使学生既感到生动有趣又易懂易记易掌握。再如我在讲授毛泽东读史鉴史用史和毛泽东人际艺术与现代交际、为人处世的学问与艺术等校级选修课时，总是将历史与现实、自己与他人、理论与实际紧密结合起来，大大增强了讲解的生动性、趣味性和实效性，使大学生们都喜欢这些课程。再如，学校各部门各院邀请我举办讲座和作报告，我也是坚持唯物辩证的观点和方法，让讲座和报告有血有肉，生动活泼，受到听众的欢迎和赞赏。如 2017 年学校文学院、组织部和宣传部联合请我作关于习近平总书记《在庆祝中国共产党成立 95 周年纪念大会上的讲话》的学习报告，我先深入钻研习总书记讲话的原文，掌握讲话的基本观点和精神，联系国内外实际和历史实际，写出近一万字的讲稿；向党员讲解时又不照本宣科，而是灵活处置，侃侃而谈，使得听者颇感兴趣，讲完后他们热烈鼓掌表示肯定。当时讲到党员交党费的事，我也是运用唯物辩证的观点和方法，进行了实事求是的全面的分析和说明，不搞唯心主义和形而上学。我当时讲，作为中共党员按照党章规定是一定要按时交纳党费的，这既是党员的义务，也是党员的光荣。不过作为党组织在规定党费的交纳数量时要实事求是，从实际出发，不搞一刀切，如退休的党员与在职的党员要有所区别，不能千篇一律地要求退休的党员按与在职党员相同的比例交纳。不久，中央组织部和省委组织部补发了一个通知，规定退休党员只按退休金多少的比例交纳，而不按全部的退休费多少的比例交纳。事实证明，我的看法是与党中央保持一致的。

我在待己论人方面也力争做到坚持唯物辩证的观点和方法。我对待自己，既不妄自菲薄，没有自信，认为自己一无是处，只有缺点和弱点，但也不盲目自信自大，不讳疾忌医，不认为自己是一个完人，是一贯正确的。我知道自己存在不少缺点，也犯有不少错误，失误就更多了。我看待他人包括同学、同事乃至领导，力争做到一分为二，既看他们的优点、成绩和功劳，也指出他们的弱点、不足和错误，不盲目肯定和赞扬，更不会讨好和吹捧。

第五章　发奋读书，博学聚才，锻炼体魄

前面讲到，拥有志气、理想、信念，这是成才和有所作为的前提和基础，而理想的实现又要靠成才来保证，意志则是成才和实现理想的必要条件。一个人要想成为对国家和人民的有用之材，就必须以坚强意志和毅力修身养性，刻苦学习科学文化知识和技能，锻炼体魄，这是成才的必由之路。不进行修养，就难以具备良好的思想品德；不刻苦学习科学文化知识和技能，就不可能获取实现理想、有所作为所必需的才能；不锻炼身体，就不会有健康的体魄。总之，也就是不能成为德、智、体等全面发展的有用人才。

一、刻苦学习科学文化知识和技能

要实现理想和人生奋斗目标，就必须有实现理想和人生奋斗目标所必备的科学文化知识和技能，而知识技能不是先天就有的，而是通过勤奋、刻苦的学习和训练得来的。“书山有路勤为径，学海无涯苦作舟。”“宝剑锋从磨砺出，梅花香自苦寒来。”不勤奋刻苦学习，不博览群书，是绝不会有真才实学的。诸葛亮也讲过：“才须学也，非学无以广才。”古今中外学有所成、才华出众、能力超群、有所建树的人，大都是自青少年时期就勤学苦练的人。革命导师马克思、列宁是如此，革命先行者孙中山是如此，世界文豪高尔基是如此，毛泽

东、周恩来、朱德、刘少奇、邓小平等老一辈无产阶级革命家也都是如此。孙中山说："我一天不读书，就不能生活。"高尔基说："我扑在书上，就像饥饿的人扑在面包上。"下面选取几个人物为例，对此加以说明。

诸葛亮小时很不幸，在他还只二三岁时母亲就去世了。等他七八岁时父亲又离开了人世，他们姐弟几人只有依靠叔父诸葛玄的扶助，艰难地生活着。诸葛亮所生活的时代正值动荡不安的乱世，为了躲避战乱，叔父诸葛玄带着他们姐弟四人离开老家山东，来到江西投奔老熟人袁术，后又到襄阳投奔荆州牧刘表。在此期间，叔父送他到刘表办的"学业堂"读书，凭着叔父的关系，诸葛亮还结识了居住襄阳的许多知名人士，如庞德公、司马徽、黄承彦等。他向这些学识渊博、志向高远的前辈潜心求教，学得了不少学问，明白了很多国家兴亡的道理。在襄阳呆了两年后，叔父病逝，诸葛亮没了依靠。这时只有 17 岁的诸葛亮，只得和弟弟诸葛均一起到离襄阳城西边 20 多里的隆中居住。自此，诸葛亮在隆中开始了十年的躬耕苦读的隐居生活。在这十年中，他一面参加田间劳动，一面在草堂内刻苦攻读。他读的书十分广泛，天文、地理、军事、诸子百家的书，无所不读。此外，他还不断寻师访友，与一些志同道合的朋友切磋学问，讨论国家大事。渐渐地他由一个普通的青年，变成了一个通达事理、才华横溢的人尖子，名气也一天天地大起来，被人们尊称为"卧龙"。

汉武帝时与卫青齐名的大将霍去病，自幼就刻苦学习和练武，终致精通兵法武艺，这为他后来率兵出击匈奴，使匈奴大败，立下赫赫战功奠定了坚实基础。东汉时期的大思想家王充，15 岁时到洛阳太学学习。他刻苦认真，兴趣广泛，由于家贫买不起书，便经常到市里的书铺阅读诸子百家的书籍，暗自记忆，终致"博通众流百家之言”，积累了大量知识，从而为他写出批判迷信鬼神的巨著《论衡》打下了良好的基础。唐初的马周，年幼时父母双亡，孤苦伶仃，但他很有志气，发愤读书，刻苦学习，终致精通经史，最后成为唐太宗贞观年间的重臣。唐代成就卓著，有“草圣”之称的书法家怀素和尚，少时家贫，为了学习书法，他广种芭蕉，用蕉叶写字。他用坏的笔，可以堆成一个笔丘。长期苦练使得他的草书独具一格，活泼飞动，有如笔下生风。他的书法对毛泽东的书法产生了巨大影响，从毛泽东书法上不难看出怀素书法的影子。宋代著名政治家、改革家、文学家王安石，知识渊博，才能卓越，也是得益于他刻苦学习，博览群书，儒家书籍、佛经、医书、小说，他是无所不读。“唐宋八大家”之一的欧阳修，幼年丧父，家境贫困。母亲用芦秆在地上划写，教他识字。他自小学习就非常用功，后来学问渊博，文名天下知。南宋杰出爱国诗人陆游，从小好学，他写诗回忆说：“我生学语即耽书，万卷纵横眼欲枯。”说他从学说话起就对书着了迷，读过各种书籍上万卷，眼睛都要枯干了。他还读兵书，学击剑，希望有朝一日为收复失地建功立业。清朝咸丰同治年间位居“中兴名臣”之首的曾国藩，论才情禀赋不过中等，但他立志笃行，勤奋不懈，虚心求教，博采众长，因此才成为“中兴名臣”、成功的军事家。清代著名学者郑板桥擅长诗文、书法和绘画，学识渊博，多才多艺，当时人们称赞他“少颖悟”“善记”，佩服他的特殊天资。但是他认为自己丰富的知识不是由于异乎寻常的天资，而是刻苦学习的结果。他在《板桥自叙》谈自己读书的情况时说：“幼时殊无异处……读书能刻苦，自激愤……人咸谓板桥读书善记，不知非善记，乃善诵耳。板桥每读一书，必千百遍。舟上、马上……皆记书默诵也。”郑板桥就是这样废寝忘食地刻苦读书而学有所成的。

中国当代经济学家、教育家、翻译家王亚南，小时家贫买不起书，就手抄笔录。《国语》《左传》《史记》及唐诗宋词元曲，他抄了一本又一本。上中学时，他从老师那里借来一本《东周列国志》，爱不释手，花了两个月时间，把整本书抄了下来。以后抄书成了习惯，上大学后还抄。为了防止熟睡不醒，他把床腿锯掉一根，睡觉时一翻身就惊醒，继续攻读。

大发明家爱迪生小时候也不是特别聪明。他只上过三年小学，被校长当成不堪教育的低能儿赶出了学校。他 12 岁卖报挣钱，后来小小年纪又成了聋子。但他勤奋学习，刻苦钻研，顽强拼搏，一生的发明有 2000 多项。有人赞叹爱迪生是天才，他却微笑着说："天才嘛，那是 99%的血汗和 1%的灵感凑合起来的。"到了 80 多岁，他仍然坚持白天在实验室工作，晚上读四五个小时的书。许多有成就的文学家、科学家、艺术家同爱迪生一样都不承认自己是什么天才，都认为自己的成就在于勤奋、刻苦。鲁迅先生说："哪有什么天才，我是把别人喝咖啡的工夫都用在工作上的。"爱因斯坦写过这样一个公式："A=X+Y+Z"，A 代表成功，X 代表艰苦学习和工作，Y 代表正确的方法，Z 代表不讲废话。这些文学家、科学家富有哲理的格言，雄辩地说明，一个人的成功主要的不是靠天才，而是靠勤奋，靠艰苦奋斗。中外历史上，因勤学苦练而知识渊博、才能出众，做出了突出成就的人，是举不胜举的。

我们老一辈无产阶级革命家大都自小刻苦学习科学文化知识，注意从各方面锻炼自己，其中毛泽东最为突出。

毛泽东在童年时期就喜欢读书，除私塾里规定要学的书外，还读了《精忠传》《水浒传》《隋唐演义》和《西游记》等。13 岁时他辍学回家，尽管白天要做一个全劳力的农活，晚上替父亲记账，还是坚持读书。他曾对来访他的美国著名记者埃德加·斯诺说："我还是读书，如饥似渴地阅读凡是我能够找到的一切书籍。……我常常在深夜里把我屋子的窗户遮起，好使父亲看不见灯光。”① 在辛亥革命期间当兵的半年里，他也是不停地读书看报。他将发给他的军饷（每月 7 元）大都用来买书订报，“贪读不厌”。② 毛泽东从省立中学退学后的自修期间，每天到湖南省立图书馆去看书，认真地执行他的自修计划，持之以恒。他说：“每天早晨图书馆一开门我就进去。中午只停下来买两块米糕吃，这也就是我每天的午饭。我天天在图书馆读到关门才出来。在这段自修时间我读了许多书，学了世界地理和世界历史。我在那里第一次看到一幅世界地图，怀着很大的兴趣研究了它。我读了亚当·斯密的《原富》、达尔文的《物种起源》和约翰·穆勒的一部关于伦理学的书。我读了卢梭的著作、斯宾塞的《逻辑》和孟德斯鸠写的一本关于法律的书。我在认真研读俄、美、英、法等国历史地理的同时，也阅读诗歌、小说和古希腊的故事。”③ 毛泽东还曾生动形象地描述那段自学生活：“那时，我贪婪地读，拼命地读，就像牛进了人家的菜园，尝到了菜的味道，就拼命地吃一样。”④

在湖南省立第一师范学校期间，毛泽东充分利用有利的学习环境和条件，继续刻苦学习。这时候，他读书的目的已经十分明确，就是为救国救民而储才聚能，就是要探求人生的真谛和救国救民的根本途径。他和同学们共勉要做确有真才实学救国救民的“奇杰”，不做“金玉其外，不学无术，专为自己生活的小人”。为此他和朋友约定，不谈金钱，不谈男女之间的问题，不谈家庭琐事。⑤ 在“一师”期间，他每天早早起床，做完早操后就开始读英语，晚上熄灯之后他到茶炉室或走廊里，借着微弱的灯光读书。

---

① 引自埃德加·斯诺所著的《西行漫记》。

② 引自埃德加·斯诺所著的《西行漫记》。

③ 引自埃德加·斯诺所著的《西行漫记》。

④ 毛新宇：《爷爷毛泽东》，国防大学出版社 2003 年版，第 35 页。

⑤ 毛新宇：《爷爷毛泽东》，国防大学出版社 2003 年版，第 37 页。

毛泽东不仅学习目的明确，学习态度认真、勤奋、刻苦，而且创造了一套科学的学习方法。他认为在学习中既要注重读书，独立钻研思考，也要注重讨论和交流。在各科知识的关系上，毛泽东认为："为学之道，先博而后约，先中而后西，先普遍而后专门。"① 他认为，要学得博而精，必须日积月累，坚持不懈，持之以恒。他把读书与做学问比喻为修百丈之台。他说，读书做学问"有获或不获，则积不积之故也。今夫百丈之台，其始则一石耳，由是二石焉，由是而三石、四石以至千万石焉。学问亦然，今日记一事，明日悟一理，积久而成学"。② 他还写过一副有关读书的对联："贵有恒，何必三更起五更眠；最无益，莫过一日曝十日寒。"③ 学生时代的毛泽东就是始终坚持上述原则，刻苦学习，读书不止的。毛泽东在青少年时期或者说学生时代，读书目的明确，学习态度认真，勤奋刻苦，以及创造性地学习及其创造出的一整套科学的学习方法，都是值得后人借鉴和效法的。

正因为毛泽东青少年时期勤奋好学，博览群书，又注意学习方法，所以他能成为知识渊博、有雄才大略，集政治家、革命家、思想家、军事家、文学家、书法家、诗人于一身的领袖人物，使他及以他为代表的一代中国共产党人救国救民的伟大理想得以实现。

二、坚持不懈地锻炼体魄

为了实现理想，有所作为，不仅需要必备的科学文化知识和技能，还必须有健康的体魄。一个人的思想品德、智慧才能都是建立在身体这个客观物质基础上的，一旦身体不存在，品德和智能也就随之

① 毛新宇：《爷爷毛泽东》，国防大学出版社 2003 年版，第 38 页。
② 张贻玖：《毛泽东读史》中国友谊出版公司 1991 年版，第 16 页。
③ 毛新宇：《爷爷毛泽东》，国防大学出版社 2003 年版，第 38 页。

不复存在，没有好的身体，品德再好，能力再强，知识再多也是无济于事的。因此我们每一个人，要使自己的理想变为现实，除了要有良好的思想道德和真才实学之外，还要努力锻炼身体，使自己具有强健的体魄。在这方面，毛泽东也为我们做出了榜样。

毛泽东深知，要担当救国救民的重任，实现振兴中华的理想，不仅要有好的思想品德、渊博的知识和非凡的才能，还要有强健的体魄。1916年12月19日，他给湖南一师的老师黎锦熙写的信就非常清楚地表明了这一观点。毛泽东在这封信里引经据典并列举古今中外诸多人物，阐明了德、智、体三者的关系，尤其重点讲述了身体的重要性和锻炼身体的必要性，强调了强健的身体对于成就一番事业的作用。他指出："且观自来不永寿者，未必其数之本短也，或亦其身体之弱然尔。颜子则早夭矣；贾生、王佐之才，死之年才三十三；王勃、卢照邻或早死，或坐废。此皆有甚高之德之智，一旦身不存，德、智则随之隳矣！……兄之德、智美矣，惟身体健康一层，不免少缺，弟意宜勤加运动之功。弟身亦不强，近以运动之故受益颇多。闻之至弱之人，可以进于至强。东西大体育家，若罗斯福、若孙棠、若嘉纳，皆以至弱之身，而得至强之效。弟始闻体魄精神不能并完，且官骸及时而定，不复再可改易，今乃知其不然。心身可以并完也，而官骸亦无时不可改易也。"① 第二年4月，毛泽东还在《新青年》杂志上发表了一篇专门谈体育锻炼的文章《体育之研究》，强调体育的重要性，提出在大中学校要实行德、智、体"三者并重"。由此可见，毛泽东对身体锻炼是何等重视！

毛泽东锻炼身体，采取过多种形式，如远足、郊游、爬山、露宿、游泳、风浴、雨浴、冷水浴、日光浴、做六段操等。

---

① 陈微主编：《毛泽东与文化界名流》，中国社会科学出版社1993年版，第358页。

毛泽东和他的同学多次离开学校，走向广阔天地，既接触了社会，学到了学校里学不到的知识，又开阔了胸怀，陶冶了情操，增强了体质。1917 年 9 月的一个星期天，毛泽东与张昆弟、彭则厚从学校出发，步行 50 里到达目的地昭山脚下，接着又从山后攀石头台阶上山来到昭山寺。晚饭后他们三人又从正面跑下昭山，到湘江游泳。

除远足之外，郊游简便易行，更是毛泽东经常性的运动项目。毛泽东曾组织一个“星期同乐会”，每逢星期天，他们就到长沙郊外的金盆岭、猴子石等地去活动。毛泽东还有意识地选择野外或校园露宿以锻炼自己的体魄和胆量。他常邀请一些同学至橘子洲头及岳麓山的爱晚亭、白鹤泉等处露宿，下霜时节也是如此。

毛泽东也喜欢爬山，认为这不仅能扩大肺活量，增强体质，还能激发蓬勃向上的精神，锻炼意志力。岳麓山挺拔奇秀，面临湘江，攀登其上，令人心旷神怡，故是毛泽东常去的地方。

游泳是毛泽东最爱好、最擅长的体育运动。游泳不但能强健体魄，还能激发自信，磨练意志和毅力，所以毛泽东自幼就喜欢游泳。小时候他时常到屋前的池塘里游泳。到长沙后，宽阔水深的湘江成为他经常畅游的地方，不但夏天游，隆冬时节也在江中游。

毛泽东在“一师”时还养成了洗冷水浴的习惯，一年四季坚持不懈，即使是天空下雪，池水结冰，也不间断。此外毛泽东还常特意在下雨时让雨淋，烈日当空时让太阳烤晒，借此来磨练他的体魄和意志。毛泽东还融各种运动之长，在实践中创造了六段操，包括手足头部、躯干拳击与跳跃等动作，共六段 27 节。每天清晨他洗完冷水浴后就做一遍六段操，临睡前再做一遍，天天如此，终年不绝。许多年后，毛泽东对他在“一师”期间所进行的体育锻炼仍记忆犹新。1936 年他对采访他的美国记者斯诺就较详细地谈到他在“一师”时进行体育锻炼的情况，并总结说，这对于增强他的体魄很有帮助，后来在华南多次往返行军中，从江西到西北长征中，特别需要这样的体魄。

前面讲到，我在读小学时还谈不上有什么理想和抱负，但志气和目标是有的。我家很穷，穷则思变，想通过学习文化科学知识和技能来谋取工作，以改变家庭的处境。因此我当时的奋斗目标就是一定要考取初中，那时整个花桥区（今花桥镇）只有一所正规的初中即花桥中学，另外还有一所农业中学。经过勤奋刻苦的学习，我考取了花桥中学。在初中的三年里，我忍饥挨饿，咬紧牙关勤奋学习。当时我为了学好各门课程，课间休息的时间也用来学习，下晚自习后还在路灯下学习一段时间。记得当时眼睛都看伤了，经常害眼病，因此同学们给我取了一个绰号“瞎子”。初中的班主任傅国光、校团委总支书记陈政生（我当时是团总支宣传委员兼学校学习部长）、语文老师万学修以及其他带过我课的老师以及范怀清校长等都很喜欢我，精心地教导我，培育我，我在初中时的进步是与他们的关爱和教诲分不开的。老师的恩情，我至今不敢忘怀。初中时我的各科成绩都在全校名列前茅，参加学校数学比赛获得了第一名。政治上我也不甘落后，担任过班学习委员、校学习部长和校团总支宣传委员，多次被评为三好学生、模范干部等。初中毕业后，我如愿以偿地考上了武穴中学高中部，当时 4 个班 200 多名学生只考取了 9 人。

1962 年 9 月进入武穴中学高中部后，我仍然保持着初中时的学习热情和认真刻苦的精神，一如既往地发奋读书，决心考上国家的一类大学。记得那时为了学好英语，我走路、上厕所、睡觉前都在记英语单词，下课休息的 10 分钟用来做练习，晚自习熄灯后仍在路灯下学习一段时间。高考前的总复习我几乎是把一切休息时间都用来学习，连吃饭时也在看书。睡觉起来发现全身被蚊子、臭虫叮咬，也置之不理。功夫不负有心人，我终于考取了武汉大学，实现了刚入高中时立下的目标。在高中读书期间我得到班主任贺湘名、校长伍义琛、语文教师鲍老师、英语教师舒文志等的热心教导，我在学业、政治等各方面都获得了显著进步。这些老师的音容笑貌、品德才学给我留下了难忘的印象，我对他们的感激是不言而喻的。在高中的三年我一直担任班长。当时学生的管理工作，包括组织纪律、卫生、政治活动、劳动、体育运动等，主要是学生干部抓的。我是班长，是班上的主要干部，班主任将很多事都交给我来管，所以我受到了很好的锻炼，在口头表达能力、组织能力、交际能力等方面都有收获，我现在的这些方面的能力基本上就是在学生时代特别是高中三年担任学生干部工作的实践中锻炼、培养出来的。

1965 年进入大学后，我确立了新的奋斗目标——加入中国共产党和考取研究生。遗憾的是，进大学的第二年即 1966 年，“文化大革命”发生了，它打断了我不断进取的进程，使得我在大学里入党和读研究生的愿望未能实现。不过，在“文化大革命”期间，大部分时间我是用来读书、学习的。在这段时间里，我学习了中国通史、世界通史、中共党史、马克思主义哲学和政治经济学、科学社会主义。阅读了二十四史、清史稿、鲁迅先生的著作和唐诗宋词等大量文学作品，还翻阅了一些历史资料和许多杂志，这为我后来从事语文、历史、政治等方面的教学工作和学术研究奠定了良好的基础。

我在学生时代也很注意锻炼身体。因为我知道身体是学习和工作的本钱，没有好的身体就不能搞好学习，将来也无法搞好工作。无论是在小学、初中、高中还是大学，我都积极参加体育活动，坚持上好体育课，积极参加学校的各项体育比赛，如田径、球类等。我从小就喜欢游泳。我的村庄后面有一条河，离村子不远的地方还有一口很大的水塘——沟塘。读小学、中学的时候，我经常到河里和塘里游泳，还在里面捞鱼摸虾。在武汉大学读书时，我坚持每天早上跑步、玩单双杠、做体操，有时绕珞珈山跑上一圈。晚饭后打篮球、羽毛球、板球或排球，也坚持洗冷水浴。另外，我常到东湖游泳，万里长江也横渡过多次。走上工作岗位后，我仍然坚持体育锻炼，跑步、爬山、打球、游泳是从没有放弃过的项目。现在年纪大了，运动量大的篮球、足球之类，我玩得不多，但做操、跑步、打乒乓球和羽毛球等还在坚持，也常骑自行车。我因小时候家里贫穷，是吃母亲嘴嚼的米糊长大的，先天不足，体弱多病；后来家里又遭受过水灾和经历了三年困难时期；结婚成家之后又生了三个小孩，家里仍不富裕，只能靠加强体育锻炼来增强体质和抗击疾病。我深信生命在于运动，适量的运动可以减少或减轻疾病，延缓衰老，增加寿命，我能活到70多岁是与我一生坚持体育锻炼分不开的。

第六章　正确与人交往，妥善处理人际关系（上）

一个人要想有所作为，为社会、国家和人民做出有益的贡献，不仅要具有良好的思想道德素质、较高的科学文化素质以及强健的体魄，还需要有进行人际交往、处理人际关系的能力，也就是善于处世的能力。善于处世，同样是取得成功、做出贡献的必要条件。

一、人际关系和人际交往的重要性

（一）人际关系的涵义和重要性

所谓人际关系，从广义上讲，就是上下左右、敌我友之间的关系。它包括敌我关系和人民内部关系两个方面。从狭义上讲，人际关系仅指人民内部的关系，即人们在相互交往的基础上所形成的人与人之间的直接关系，或者说，人们在生活、学习和工作中结成的各种人事关系，如亲属故旧关系、邻里关系、同事关系、同学关系、师生关系、上下级关系、领导与群众的关系，等等。这里所要论述的人际关系，是从狭义方面来理解的人际关系。从狭义方面理解人际关系应该把握两个特点：一是直接性。人际关系是人与人之间的一种直接关系，它渗透在社会关系的各个方面，是社会关系在人们直接交往中的具体体现。二是情感性。人际关系是基于人的某种需要而产生的。需要是人际关系产生、发展和变化的驱动力。交往双方的需要都得到一定的满足，彼此才能产生积极肯定的态度，流露出友好、喜悦、亲近的情感；反之，则产生憎恨、厌恶和疏远之感。双方目的的情感性，决定了人际关系的情感性。

人际关系错综复杂，从交往的主体来看，有个体与个体之间的关系，如同学关系，恋人关系，同事关系；有个体与群体之间的关系，如个人与家庭、个人与集体、个人与民族的关系；有群体与群体之间的关系，如班级之间、学校之间、组织之间、企业之间的关系。从社会学角度看，有地缘关系，如邻里关系，县与县、省与省之间的关系；有血缘关系，如父母与子女的关系，兄弟姐妹关系；有业缘关系，如农民与工人的关系，学生与老师的关系，同事关系等。

人际关系问题，是一个十分重要的问题。建立良好的人际关系，无论对政党、集体、国家、社会，还是家庭、个人都具有重要意义和作用。例如：对社会来讲，其有利于社会的发展进步。良好的人际关系是社会生存和发展的前提。只有人际关系协调融洽，社会才会安定团结，经济才能发展，社会才能进步。

对于一个政党来讲，建立良好的人际关系，有利于增强党的战斗力和凝聚力。如作为中国人民领导核心的中国共产党，只有做到党内人际关系和谐，即党的领导干部与党员之间、党员与党员之间、上下级之间，开诚布公，互相信任，团结一心，党与人民群众保持密切联系，全心全意为人民服务，党才有战斗力，才能赢得人民群众的拥护，率领人民群众夺取革命和建设的胜利。反之，如果党内同志互不信任，互相猜忌，貌合神离，甚至为一己私利互相排挤，勾心斗角，或拉山头，搞帮派，那这个党就形成不了核心，就无战斗力，就不能担当领导的责任。

对于个人来讲，建立良好的人际关系，有利于个人的成长进步和事业的成功。良好的人际关系，可以使人精神愉快，情绪饱满，充满信心，使自己的才智能力得到充分发挥；可以在学习和工作中得到周围人的帮助，从而促进学习的进步，在工作上取得更大的成就。如果一个人不注意与上下左右搞好关系，没有取得领导和群众的信任、支持和帮助，即使有再大的本领，也难以取得较大的发展和进步。在现实生活中，我们就常常看到，有的人虽然知识水平很高，工作能力很强，但因为处理不好人际关系，不但才智能力得不到充分发挥，而且遭受挫折，甚至在单位干不下去。美国哈佛大学就业指导小组调查的结果显示，在数千名被解雇的职员中，人际关系不好的比工作能力不称职的人数高出两倍。由此可见，建立良好的人际关系，对于一个人施展才能和事业的成功是多么重要！

总之，建立良好的人际关系，是个人进步发展和事业上获得成功的需要；是家庭和睦、兴旺、幸福的需要；是政党成长壮大和实现党的目标的需要；是民族团结、社会安定、国家繁荣富强的需要。

（二）人际交往的涵义和重要性

人际交往，亦简称交际，是指发生在人与人之间借助某种媒体传递信息，交流思想感情，并产生相应行为的一种社会活动。人类交际的媒体形式主要有两种：一是语言文字，即口头语言和书面语言；二是非语言形式，即交际者的动作、姿势及各种表情等。人际交往的主体是个体（单个的人）或群体（单位、组织、民族、国家等）。作为人类特有的社会现象，人际交往既受社会生产方式和意识形态的制约，又受群体和个人思想意识、文化道德、礼仪习惯等各种因素的综合影响，是在一定的社会条件下从事的一种活动。它有两个特点：一是交往双方互为主体；二是交往双方行为互动，即在影响他人的同时也接受他人的影响。

人际交往与人际关系既有联系又有区别。它们的联系是：人际交往是人际关系产生的前提和手段，人际关系是人际交往的出发点和结果。二者的差别在于：人际交往侧重于人与人之间接触和联系的过程、程序和方式，人际关系则侧重在交往基础上所形成的心理关系和结果状态。在现实生活中，人际交往和人际关系既相互依赖又相互作用，人们通过人际交往而形成一定的人际关系，而人际关系的状况又制约着人际交往的深度和广度，决定着人际交往的内容和特点。

人际交往在人类社会生活和社会发展中起着重要的作用。社会是人们交互作用的产物，没有人际交往，就没有人类自身。人际交往对于个人、单位、民族、国家都十分重要。健康的人际交往是维护社会正常关系的重要链条，是协调人与人之间的行为、满足人们生活需要的必要环节，是保持社会安定、维护社会团结的纽带。当然，不健康的人际交往会影响社会的安定团结和进步。对于个人来讲，交际的目的在于建立广泛良好的人际关系，争取尽可能多的各方面人员的支持和帮助，为自身的发展和事业的成功创造条件。马克思主义告诉我们，事物的变化发展是由内因和外因共同作用的结果，内因是变化发展的根据，外因是变化发展的条件。人的进步发展，同样是内因和外因共同作用的结果。任何个人的成长进步和事业的成功，主要靠自己的才能和努力，但外部条件即他人的支持和帮助也是非常重要的，其中尤其是上下左右的人的支持和帮助。而这个方面，主要靠健康的人际交往来取得。

二、人际交往的一般条件和现代交际的特点

（一）人际交往的一般条件

人际交往是最普遍的社会现象，它的形成需要具备一定的条件，包括内在条件和外在条件。

人际交往的内在条件是指交际参与者（主体）自身所具备的条件，主要包括认识能力、交际能力和交际需要三个方面。

认识能力是指个人对他人的心理状态、行为动机和意向以及人与人之间关系进行推测和判断的能力。如某人对自己的亲生父母都冷酷无情，人们就会由此推断他对朋友也不会有真情实感。

交际能力是个体在交际活动中能顺利完成交际任务所必备的心理素质、文化素质和知识技能。它包括进行交际活动所需要的心理学、社会学、伦理学、哲学等各方面的知识，以及对交际活动内在规律的把握，对语言和各种交际手段的运用能力。

交际需要是个体在现实生活中感到某种欠缺而通过交际活动力求获得满足的一种内心状态。人的需要是多方面的，有物质方面的，也有精神方面的。人的需要越强烈，越容易产生交际行为。

总之，交际者的认识能力、交际能力、交际需要是产生交际活动的必要条件，只有具备这些条件，交际活动才会真正产生。

人际交往的外在条件是指交际的社会环境和交际工具或手段。

社会环境是一个外延非常宽泛的概念。它涉及人类社会生活的各个方面，如政治活动、文化观念、历史传统、典章制度、风俗民情等。交际活动受它所处的社会环境的影响。

交际工具是人们用以进行交际活动的客观存在。它以各种能为人

们所感知的客观形态表现出来，如文字、图像、声音、符号或某个具有特殊象征意义的具体事物。它具有内在含义并携带一定信息。

交际的外在条件同样是交际活动能否成功的重要因素，只有具备良好的交际环境，又恰如其分地运用交际工具，再加上交际的内在条件，交际活动才能积极有效地进行。

（二）现代交际的特点

交际作为人与人之间的一种社会性活动，是随着人类产生而出现的。只要有了人，就有交际活动的发生。在古代，人们的相互交往，由于自然条件和生产力水平的限制，只能在狭小的范围内进行。在现代社会里，人们活动的社会化程度大大提高了，人际交往的社会性大大增强。一方面，现代社会中，人们所从事的劳动和工作越来越复杂，社会化程度愈益提高。现代生产既有严密的科学分工，又有严格的整体配合，需要更多的人合作才能成功。另一方面，人们的交际模式也由古代简单、封闭的状态，发展至现代主体多元化的交际模式。社会的发展变化导致人们交际模式的变化，而人们交际活动的发展也影响和促进了社会的变化。在充满激烈竞争的商品社会中，现代交际呈现出一系列新的特点。

1. 流动性

过去，人们一般终生在一个地方工作、居住，交往的对象只限于血亲、同学、同事等，没有更多的机会结交更多的朋友。现在，科学技术迅猛发展，各种信息纷繁而至，人们穿梭般地往返于国内乃至世界各地，接触的人成百上千，造成了人际交往的高频率和流动性。另外，世界的进步和发展，经济的全球化，文化交流的日益加强，也使人际交往的流动性增强。这也就要求人们有更高的交际能力，掌握更多的交际手段。美国一些公司在我国招聘高级管理人才时，就明确规定，必须是在5个以上的不同职能部门工作过。这样的人除了有丰富的工作经验外，还有灵活的交际手段和应变能力。此外，都市生活的快节奏使芸芸众生相聚在一起又匆匆分离，这种交往的流动性，体现了现代交际更大的自由度。

2. 开放性

随着科学技术的进步和世界经济向全球化发展，人际交往也由过去的封闭型转向开放型。我国实行改革开放政策以后，人们的视野开阔了，交往的区间扩大了。开放的人际交往，使人的创造力和适应能力增强，人们在工作中建功立业的可能性增大。社会越进步，人类的交际行为越开放，人们就越能广开言路，听到各方面的意见和信息。通过各种意见和信息的分析和综合，人们就能产生更大的创造力。

3. 平等性

交往必须平等，平等才能深交。这一交往中的特点，在现代交际中显得更为突出。心理学的研究表明，人都有友爱和受人尊敬的需要。人的这种需要就是平等的需要。在阶级社会里，人际间平等交往难以做到。但是，随着社会劳动分工以及生产和科学技术的发展，平等交往逐步变为不仅仅是制度和道德伦理的要求，而且是相互协作和商品交换的要求。协作和交换是自愿的，各自都有自主权和独立性，成则交际关系继续保持下去，不成则疏远、终止，不能让交往的任何一方感到是种负担、累赘和耻辱。

平等交往包括人格平等，尊重他人的自尊心和感情，竞争的机会均等，信息的摄入量均等。英国作家罗曼·罗兰说过，要散布阳光到别人心里，先得自己有阳光。现代社会中，要想交际获得成功，就要遵循平等的原则。

4. 互益性

在商品经济愈益发达的今天，交往还是互益的。人们在交往时，不但要考虑如何给国家、集体或他人带来利益，而且也要考虑自身的发展和利益。如果交往双方能够给对方提供合理的、力所能及的帮助和回报，双方就会长时间保持良好的交往关系；一旦一方感到对方在精神和物质上都不能使自己受益，双方的交往关系就会疏远，乃至中断。

三、人际吸引的基本规律

在人际交往中，人人都希望被人喜欢，也希望有自己喜欢的人。怎样才能被人喜欢，使自己具有人际关系的吸引力呢，这就需要了解和掌握人际吸引的基本规律。

人际吸引是指在人际交往过程中形成的，以感情因素为主的对他人的一种特殊形式的社会态度，是个体对他人给予的积极和正面评价的倾向，即我们俗称的“喜欢”。人际吸引根据其性质和程度的不同，可分为友谊和爱情两种。友谊包括两个最主要的因素，一是相似的认知；二是对对方的积极评价、信任和尊重。它是人们之间最纯洁、真挚的感情。爱情因素主要包括三个方面，一是亲近与依赖的需要，二是真心关怀和帮助对方的倾向，三是独占性和排他性。

为了搞好人际交往，就要懂得人际吸引的基本规律，讲究人际交往的方式方法，这对于建立良好的人际关系是十分必要的。

（一）光环效应吸引律

光环效应吸引律是指一个人在外貌、风度、才能、特长、品质等某些方面比较突出，或者社会知名度高等这些积极特征像光环一样使其产生晕轮效应，让人感到他富有魅力，从而愿意与他接近交往。如有些媒体报道，英国前首相布莱尔比较受欢迎的一个原因就是他的个人魅力。英国广播公司称："布莱尔咧嘴露齿的笑容、生龙活虎的精力、平易近人但并不性感的形象，使得工党内外、老老少少对他颇有好感。"布莱尔最大的特点是他非常善于演说和雄辩。他在电视节目中常以各种辩论技巧对主持人非常尖锐的提问回答自如，有的回答虽然逻辑上不一定严密，但却能在现场自圆其说，让主持人无法反驳。

光环效应吸引具体表现在以下几个方面：

（1）在思想品德方面的吸引。如诚实守信，公道正直，仁爱宽厚，乐于助人，勇于奉献，勇敢坚强，艰苦朴素，等等。

（2）在才华成就方面的吸引。如能写会画，能歌善舞，才华出众，知识渊博；或在某些方面有所建树，成绩卓著，等等。著名的汉赋作家司马相如，家境贫寒，但才华横溢，声名远播。富商卓王孙的女儿卓文君，就是因为爱他的才气而冲破家庭阻挠嫁给了他。两人开了个酒店，由文君卖酒。他们俩的故事成为民间千古传诵的佳话。宋庆龄爱上孙中山，许广平爱上鲁迅，邓颖超爱上周恩来，杨开慧爱上毛泽东，都存在这方面的因素。

（3）外貌、体态和风度吸引。如漂亮的外表，潇洒的风度，等等。男女之间的一见钟情往往就是这方面因素引起的。

（4）性格吸引。如豁达大度，热情诚恳，温柔大方，风趣幽默，等等。

（二）接近吸引律

接近吸引律是指交往的双方存在着诸多接近点，这些接近点能够缩小相互间的时空距离和心理距离，因彼此之间相互吸引并继而成为挚友知己。接近吸引主要有如下方面：

（1）时间上的接近。如同期毕业，同时进厂，同年入伍，同年出生等。

（2）空间上的接近。如邻居、同学、同乡、同事等。

（3）职业、职称、职位的接近或相同。如都是工人，都是教师，都是医生；都是正高职称，都是工程师等。

（4）经历接近。如有着相同或相似的家庭境遇、个人经历等。

（5）兴趣、观念上的接近。如有共同的兴趣爱好，相近或相同的思想观念、价值取向等。

（三）异性吸引律

男性和女性，由于性别上和个性上能相补相悦，因而易于相互吸引。

异性吸引，首先是因为性别的相补相悦。男女在一起，尤其是与美丽大方、活泼开朗的异性在一起，能自然地产生一种轻松、愉快、互相接纳的感受。日常生活中人们常常感觉到，在清一色的男性或女性团体里，总好像缺少点什么。几个小伙子在一起干活，往往有气无力，懒散拖沓，但如果加进几个姑娘，小伙子们就莫名其妙地提起了精神，生产进度马上加快了。因此，人们常说："男女搭配，干活不累。"其次是个性互补。男性的刚健豪放，女性的细腻温柔，使他们在相互交往中可以得到平衡和升华，满足自我完善的需要。最后是寻求肯定。在同等条件下，人们更希望得到异性的好评和肯定，这种心理需要在与异性交往特别是与性格相似的异性交往中往往容易得到补充和满足。

（四）诱发吸引律

诱发吸引是由自然或人为的某一因素而引发的吸引力。在人际交往中，若人们受到某种诱因的刺激，而这种刺激恰好投其所好，就会引起对方的注意和交往兴趣，从而相互吸引。诱发的因素和形式大致有自然诱发、蓄意诱发两大类。

自然诱发是指人的外貌、气质、风度等自然因素而诱发的吸引力。在初次交往时，一个人如果五官清秀，举止从容，风度优雅大方，衣着整洁得体，就会对他人产生很强的吸引力，这种第一印象的吸引力促使双方进一步接触，从而结成良好的关系。

蓄意诱发是指有意识地设置某些刺激因素，如乔装打扮，以引起对方的注意和兴趣，从而产生吸引力。据说曾经担任过英国首相的丘吉尔，在第一次出席会议时，为了充分引起大家的注意，树立自己的形象，他不顾新议员首次出席会议不许发言的规定，精心准备演说词，并反复推敲背诵，达到倒背如流的程度。结果他以字字珠玑的绝妙演说，使众议员们拍案叫绝，不仅没受到奚落，反而因之声威大震。但是，蓄意诱发时要注意三点：一是投入要适度，诱发因素不能过量或不足；二是要瞄准对方的需求和兴趣，使诱因刺激的放射光进入对方的接收弧度；三是含蓄自然，使对方感到没有矫揉造作之感。

（五）对等吸引律

对等吸引律是指人们都喜欢那些同样喜欢自己的人。这就是古人说的“敬人者，人恒敬之”，“爱人者，人恒爱之”的心理机制。尊敬、喜爱别人的人，也会得到别人的尊敬、喜爱。

研究证明，具有不同个性、经历、学识的人，由他人的喜欢激发的回报并不完全相同。自尊心、自信心强的人，他人的喜欢和排斥对他的自我评价影响不大，即所谓“宠辱不惊”。自信心弱特别是受过挫折的人，对他人的喜欢与厌恶反应强烈而敏感。但不论哪类人，如果得到自己重视和在意的人喜欢，都将感到一种极大的补偿；如果得到的是自己并不重视的人的喜欢，则得到的补偿就会小得多。

对等吸引律启示我们，责怪、谴责和抱怨等只能使别人以同样的态度回敬你；廉价的恭维、赞誉或夸夸其谈并不能引起别人的好感；充分的了解、发自内心的兴趣、诚挚地表达自己的喜爱之情，才能获得真正的友谊。

此外，还有互补吸引律、互惠吸引律等。人际交往中要掌握并利用上述这些规律，以广交朋友，广结良缘，为自己的发展和事业的成功创造良好的人际条件。

四、人际交往的障碍及排除

（一）人际交往障碍的表现

人际交往的障碍是指人们在交际活动过程中，影响人们顺利进行交际的某些不利因素。在交际活动中，每个人都希望自己是交际能手，能建立起和谐的人际关系，争取尽可能多的人的支持和帮助。但事实上，每个人都会毫不例外地受到各种条件的限制，碰到一些障碍。因此，了解交际障碍的表现形式及其产生的原因，设法避免和排除交际障碍，是每个交际者必须注意的。

1. 语言障碍

人与人之间的交往大多是通过语言文字交流而实现的。如果交往双方的语言不同，文字不一，那么这种障碍就会产生。中国人与外国人交往，首先遇到的一个问题就是语言不通。在国内，不同民族的语言不同，一些地方的语言难懂，都给交往带来障碍。要消除这方面的障碍，就必须学会普通话和外语。如果与少数民族的人交往，还要懂得该少数民族的语言。

2. 文化障碍

交往双方接受教育的程度和文化素养的水平不同，容易形成文化障碍。如一位知识贫乏，胸无点墨，只会讲粗话和吃喝玩乐等令人乏味的话题的人，与一个知识渊博、情趣高雅的人进行交往，就容易形成障碍。要克服这种障碍，关键在于寻找双方的共同点，从双方的实际出发。

3. 心理障碍

人的心理包括知、情、意等几个因素。认识相同，情感相容，情投意合，是建立良好人际关系的重要因素。否则，就容易产生心理障碍，就不可能有协调一致的行动。心理障碍有多种，这里主要讲羞怯心理和自卑心理。

在社交场合，常常会看到这种情况：有的人轻松自在，谈吐自若，应答自如；有的人手足无措，不知如何是好，说话做事都显得失态。在心理学上，把这种心理现象叫做羞怯心理。羞怯心理与情绪和情感有密切联系。情绪是一种比较短而激动的状态，情感则是一种比较稳定而持久的状态。情绪和情感互相联系。羞怯心理主要是一种情绪反应，但也有情感的成分，可合称为情绪情感反应。古人云“情动于中而形于外”，当情动于中时，会引起内脏器官机能变化，进而显示于外，表现为心跳增快，血液循环加快，脸色红润。这种突然的情绪情感反应，有时会导致大脑神经活动的暂时紊乱，表现为言辞迂缓，词不达意，举止失当。羞怯心理消除后，身体机能会重新恢复平静，不妨碍身体健康。羞怯心理除了心理原因外，还有社会原因，主要是受传统观念束缚，缺少正常的人际交往。要消除这方面的障碍，一是要多与人交往，二是要克服消极的传统观念。

自卑心理就是对自己过低的认识和估计，因而产生自惭形秽之感。自卑心理的形成包括主观和客观方面的原因。从主观方面来说，如某些生理方面的缺陷等；从客观方面来讲，如家庭出身微贱，社会地位低下等，都会产生自卑感。

自卑的人在社交中往往缺乏勇气和积极主动精神。自己连自己都不信任的人，很难引起别人的兴趣和注意，这正好又助长了自卑感。要消除这方面的障碍，就要正确对待自己的生理缺陷或出身地位，克服自卑感，增强自信心、自尊心。

4. 性格障碍

性格是个性心理中的核心部分，表现为人对现实的稳定态度和相应行为方式中的心理特征。在交际方式上，人的性格往往起着决定性的作用。性子刚烈的人往往采用攻势，性格懦弱的人则往往处于守势；性格粗暴的人喜欢自作主张，温和的人则乐意与人商量。人的性格受家庭环境、地理环境等影响。如北方游牧民族的性格豪迈粗犷，而江南水乡的人们一般细腻温柔。在实际交往过程中，人们的性格都会不同程度地表现出来。克服性格障碍，并不意味要抹杀、压抑人的个性，而是要注意性格中可能影响交际的某些负面因素，对自己的性格作适当的克制、调整，要注意刚柔相济，疾缓相谐。

5. 环境障碍

交际总是有特定人物参加，在一定的时间、地点进行的。有的人在正式的交际场合呆头呆脑，笨嘴笨舌，但一到家中却高谈阔论，能言善辩。他们就是对环境适应能力较差的人。克服这种障碍的主要办法是实践，有意识地在不同的环境中磨练自己，逐步提高适应各种环境的能力。

人际交往的障碍除了上面介绍的5种外，还有年龄障碍、性别障碍、职位障碍、思想障碍等。

（二）人际交往障碍的排除

排除人际交往的障碍，除了上面所讲的各种具有针对性的方法外，下面再介绍三种一般的方法。

1. 调适法

很多交际障碍的产生，主要原因在于交际双方缺乏了解，彼此对于对方的心理、性格或行为等不适应。调适法，就是交际主体在交际过程中各自调整自己心理、性格或行为，以与对方相适应的方法。调适必须是交际双方共同进行才能奏效。如果只是一方迁就另一方，障碍也许可以暂时消失，但不能从根本上解决问题。调适还应该是一种主动的行为，而不是被动的行为。交际双方都要积极调整自己以适应对方，这样，障碍就会越来越少，以至完全消失。

2. 角色扮演法

这就是模拟某些现实的场面，让个人扮演各种不同的角色，站在不同的立场处理事务，以便了解别人的需求与感受，从而改善待人的态度。这也就是人们常说的“设身处地”。如领导者扮演一般群众的角色，汽车司机扮演交警的角色，等等。人际交往中，如果每个人都能站在对方的立场上设身处地为对方想一想，就会减少很多不必要的误会和不愉快，彼此可以和谐地交往。

3. 心境迁移法

这是当个体因某种原因引起强烈的情绪反应时，个体有意识地避免思考这一问题，而是换一换环境，参与其他活动，如参加各种体育和娱乐活动。心理学认为：运动可以使人的高级神经活动处于兴奋状态，有利于心理消极因素的抑制；人在运动时把注意力集中于躯体动作，从而有助于排除“杂念”。因此，人在运动和娱乐时感情迁移，可以摆脱一切日常事务的烦恼，情感得到宣泄，排除消极情绪，增进心理健康。游览祖国的名山大川，接触大自然，或诵读诗歌，看看小说，做做自己喜欢做的事，无形之中也可以使自己的心境得到迁移，情绪好起来，这样就能为顺利进行交际而创造良好的心理状态。

以上所讲的排除人际交往的障碍，是行之有效的，但并不是包治百病的良药。我们还必须从个人修养方面积极努力。首先，要保持健康的心理，培养豁达大度的胸怀和海纳百川的气量；其次，要加强思想品德修养，优化性格，严于律己，宽以待人；最后，要学习一些与人交往有关的知识，如心理学知识、社会学知识、民俗学知识，学好普通话和外语等。

第七章　正确与人交往，妥善处理人际关系（下）

一、人际交往的语言艺术

语言是人们表达思想、传播信息、交流感情、获取知识的工具，是进行人际交往的重要手段。语言包括书面语言和口头语言两种。著书立说、写文章、写信、发电报等属于书面语言，讲演、讲课等属于口头语言。说话是人类特有的一种技能，也是人类各种行为中最基本的行为方式，是进行人际交往的最基本的手段。常言道“良言一句三冬暖，恶语伤人六月寒”，“一句话说得人笑，一句话说得人跳”，这些话就深刻揭示了语言在人际交往、处理人际关系方面的重要作用。实践证明，良好的语言是建立、维系和巩固好的人际关系的纽带，它能使人与人之间增进感情，加深了解，消除隔阂，甚至使对立的双方化干戈为玉帛。如对患病的人讲一些关心体贴的话，会使病人感到温暖，增强战胜疾病的信心，从而也加深了双方的感情；对处于逆境中的人讲一些安慰鼓励的话，会使这些人受到激励和鼓舞，避免消极悲观，从而也增进了双方的情谊。再如，发生矛盾的双方，倘若彼此进行谈心，各自讲一些自我批评和让对方谅解的话，就会缓和乃至消除矛盾。反之，不健康的语言，可使人际关系日渐疏远、紧张，甚至反目成仇。现实生活中，时常就有这类事情发生。如同学之间、同事之间、朋友之间，就有因一两句话说得不当而弄得不愉快、不欢而散的。社会上争吵打架现象的发生，也有不少就是因为几句话说得不好而引起的。因此我们在与人交往时，要特别注意语言的运用，掌握会话的技巧。

毛泽东是一位语言大师，他运用语言的能力是极高的。他谈话风趣幽默而富有哲理，生动形象而寓意深长，常常在轻松愉快的气氛中解决重大的问题。他以其渊博的知识储备，生动活泼的语言形式，炉火纯青的表达技巧，形成了个性鲜明的语言艺术，为他成功地进行人际交往和处理人际关系，为团结全党和全国人民发挥了不可替代的作用。毛泽东的语言艺术是非常值得我们学习和效法的。下面就结合毛泽东的语言艺术，谈谈人际交往的语言技巧。

（一）见面语的技巧

在人们的交往中，初次见面给人的印象十分重要，正像教师给学生讲第一堂课、领导向下级和群众作第一次报告一样。如果第一次给人以好的印象，就为以后的深入交往打下良好的基础。第一次的印象来自音容笑貌，言谈举止，其中语言尤为重要。从初次见面的交谈中不仅能初步了解对方的性格为人，而且能略知对方的文化素养。有的人，见面时几句话就把问题讲得清清楚楚，言简意明，而有的人啰里啰嗦，拖泥带水，讲了半天，叫人不得要领；有的人讲话流利柔和、幽默风趣，听起来轻松愉快，而有的人讲话结结巴巴，生硬死板，词不达意，听起来费劲吃力。这就必然给人以不同的印象，产生不同的效果。作为领导者，如果讲话板着面孔，盛气凌人，以命令和教训的口气，就会给人以好摆架子、难以接近的印象；倘若面带笑容，亲切和缓，以尊重对方的口吻讲话，就会给人平易近人、和蔼可亲的印象。前一类领导者，人们往往不愿与之接触来往；而后一类领导者，人们则乐意与之接近交往。总之，有分寸感、亲切柔和、幽默风趣、平易近人的见面语，对于交往双方的初步了解，沟通双方的心灵，尽快步入交际之域是非常重要的。

凡是与毛泽东有过交往的人无不深切感到，他是那样平易近人，和蔼可亲，有着能够把人深深吸引的超凡的内在力量。这种超凡的吸引力和凝聚力，一个重要方面就是来源于毛泽东那平易近人、独具特色的见面语和灵活运用见面语的技巧。总结他的见面语技巧，主要有下列几点。

1. 在交往对象的姓名、籍贯上做文章

不相识的人初次见面，一般都要自报姓名、籍贯，或互问尊姓大名、籍贯，这是开始交往的第一步，而毛泽东在这第一步上的特点是喜欢和擅长在对方的姓名、籍贯上做文章：或者闻名生义；或者由交往对象的姓名、籍贯谈及历史人物的姓名、籍贯和事迹；或者将交往对象的姓名与历史典故、古典诗词等联系起来，由此阐发事理或活跃气氛，加深了解，增进情谊。例如：

1938 年春，谭政从武汉来到延安汇报工作。汇报完毕后，毛泽东亲切地问道："你的名字谭政，一直用这个名字吗?"谭政回答说："我原来有个封建味道很浓的名字，叫世名。1927 年我跑出来参加革命，就改用谭政这个名字。"毛泽东听后点头微笑说："不知你注意过没有，你的名字有二十八画，我的名字毛泽东也是二十八画。"（都是指繁体字）接着毛泽东一本正经地向谭政解释说："好哇，这二十八画不平常喽！你看，共产党、共产主义，这中间的'共'字就是二十八嘛！"（"共"字由上"廿"下"八"组成）谭政恍然大悟，会意地笑了。随后，毛泽东又认真地指出："我们都姓共嘛，做了共产党人，信仰共产主义。”① 通过对各自姓名笔画数的清点，谈到共产主义这一共产党人为之奋斗终生的主题，同时巧妙地指出相互关系中的最大共同点——都是共产党内的一员。这次谈话，不仅加深了相互了解和感情，而且使谭政在轻松愉快中接受了深刻的政治教育。

1943 年春，毛泽东在延安第一次见到薄一波时，紧紧握住薄一波的手问道：“你就是薄一波同志？”为了记住薄一波的姓名，他反复念道：“如履薄冰，如履薄冰……”又问薄一波是哪里人，薄一波说是山西定襄人。毛泽东随即说：“汉文帝的母亲也姓薄，她的弟弟叫薄昭。汉文帝曾被立为代王，建都在你们山西中部。”② 听到薄一波的姓氏籍贯，就随口说出史书上记载的封建帝王的家常事，这使薄一波不得不惊叹毛泽东对中国历史的熟悉，由此也增加了薄一波对毛泽东的了解、尊敬和信赖。

毛泽东的这种在初次见面时巧释对方姓名以及将对方的姓名、籍贯与历史上有关人物的姓名、籍贯联系起来的交谈方法是值得我们借鉴的。

毛泽东在与人初次见面时，还往往利用古典名句、古代戏剧、古典诗词来说明交往对象名字的含义，或同交往对象开玩笑。这种技巧，既可以活跃气氛，沟通情感，又可以增长知识，为更深入的交往打下良好的基础。例如：

1962 年冬的一个周末晚会上，刚刚调到中央办公厅秘书室工作的女秘书崔英向坐在沙发上的毛泽东热情而拘谨地伸出了邀请之手。毛泽东立即起身与崔英握手，并让小崔坐在自己身边的沙发上，亲切地问她是哪里人，叫什么名字。当她告诉毛泽东叫崔英时，毛泽东立刻联想到我国古代戏剧《西厢记》中的主人公崔莺莺和张生的爱情

---

① 春紫：《延安时期毛泽东解析名姓趣闻》，《福建党史月刊》2016 年第 9 期。
② 春紫：《延安时期毛泽东解析名姓趣闻》，《福建党史月刊》2016 年第 9 期。

故事，便风趣地笑着对她说："那么你的爱人是姓张啰？"这一问，使小崔如坠云雾之中。没等小崔回答，毛泽东又面带笑容地问道："你读过《西厢记》吗？"这一问才使崔英醒悟过来。于是，双方都高兴地笑了。毛泽东与女秘书的谈话，由问对方的姓名引出古典文学作品中的故事，一问一答使女秘书感到一点也不像与领袖对话，而是与一位慈祥的长者攀谈，丝毫也不感到拘束。①

1975 年初夏的一个夜晚，北大中文系女讲师芦荻秋第一次来到毛泽东身边，为他读书（因为当时毛泽东患老年性白内障而阅读困难），见面后毛泽东微笑着问道："你大概喜欢秋天吧？"芦荻秋一时不知如何回答。毛泽东见她愕然，又笑着问："你为什么叫芦荻秋？会背刘禹锡的《西塞山怀古》这首诗吗？"芦荻秋背了这首诗后，毛泽东也一字一句地吟诵了这首诗："王濬楼船下益州，金陵王气黯然收。千寻铁锁沉江底，一片降幡出石头。人世几回伤往事，山形依旧枕寒流。今逢四海为家日，故垒萧萧芦荻秋。"② 这时，芦荻秋才明白，毛泽东是在用这首诗的最后一句来幽默地说明她的名字。于是，这位大学教师首次与领袖见面的紧张激动的心情马上平静了下来，领袖与群众更加接近了。

人们一般都很看重自己的名字，往往把自己的名字与自己的爱好、追求、信仰联系在一起。有的人一生数易其名。如陈毅就几次改名，小时候学名叫世俊，长大了叫仲弘。后来他想，万事成功都得有毅力，于是又取了陈毅这个名字。为了戒烟，他还用这个名字来鞭策自己。

---

① 《从小处见文章：毛泽东说名道姓中的智慧与幽默》，http：//www.hi.people.com.cn/2007/06/11/313677_4.html。

② 《从小处见文章：毛泽东说名道姓中的智慧与幽默》，http：//www.hi.people.com.cn/2007/06/11/313677_4.html。

在与有一定文化素养的人初次见面时，如上级领导者对于下级同事、教师对于学生，若能将他们的名字给予贴切、友好、富有深意的解释，既可使他们产生好感，又能受到启发，为进一步交谈打下良好基础。教师第一次给学生上课，为了熟悉同学，活跃课堂气氛，就可给学生的名字以恰到好处的解释。

2. 借助乡土之情进行亲切的交谈

“远亲不如近邻”“美不美家乡水，亲不亲故乡人”“老乡见老乡，两眼泪汪汪”，这些俗话在一定程度上反映了人们乡土之情和地域圈文化传统习惯。中国人一般都有较强的家乡观念，讲同乡之情。同一生活圈或地域圈的人，即使初次见面，也会倍感亲切。因此，在人际交往中特别是初次见面时，恰当地利用这种乡土之情，往往能顺利地打开交往的大门，步入交际之域。

毛泽东作为伟大的马克思主义者和无产阶级革命家，一生以解放全人类为己任，坚持在革命队伍中搞“五湖四海”，反对庸俗的老乡观念，但他也并不排斥合理地利用人们的乡土之情和地域关系来创造亲切的气氛和愉快接纳的心理，从而迅速迈进交际殿堂。例如：1963年春的一个周末，毛泽东在中南海的舞厅里遇见一位15岁的小舞伴。见面时，毛泽东亲切地问这位小姑娘：“小同志，叫什么名字？”对方回答说：“孟锦云。”毛泽东说：“跟孟夫子同姓。这个名字好听，锦上添云比锦上添花更美。你是什么地方的人？”小孟说：“湖北武汉市人。”毛泽东随即说：“湖北与湖南一湖之隔，是我的半个小同乡呢！”毛泽东亲切幽默的话语驱散了小孟的紧张和慌乱，使小孟感到无比温暖。自此以后，小孟几乎每周都到中南海参加舞会，毛泽东也总是亲切地称呼她“半个小同乡”。①

① 《从小处见文章：毛泽东说名道姓中的智慧与幽默》，http://www.hi.people.com.cn/2007/06/11/313677_4.html。

人们一般都有这样的心理，即以自己的故乡或所工作的地方出了伟人、名人、英雄而感到光荣。因此，在人际交往中特别是在初次见面时，也就不妨利用人们的这一心理，谈及交往对象的故乡或所工作的地方的名人趣事，以引起交往对象的好感和兴趣，从而为深入交谈奠定基础。毛泽东在与地方上的领导干部初次见面交谈时就常常采用此招。例如：1958 年 11 月，毛泽东到河南新乡地区视察，在安阳接见新乡地区地县级干部，同安阳县委书记陈春雨握手时，他面带微笑地说："啊，你是安阳的，安阳是曹操起家的地方啊。曹操这个人懂用人之道，招贤纳士，搞'五湖四海'，不搞宗派。他还注意疏浚河道，引水灌溉，发展农业生产。"他与温县县委书记李树林谈话时说："温县是司马懿的故乡。他出身士族，多谋略，善权变，为魏国重臣。"① 毛泽东同两位县委书记的见面语，不仅营造了愉快轻松的谈话气氛，而且在这种气氛中使地方干部受到深刻的启示和教育。

（二）称谓语的技巧

称谓，是人们在交往过程中双方身份和相互关系的表现，是沟通人际关系的信号和桥梁。称谓语在人际交往中必不可少，人们交往见面时首先是相互称呼（打招呼）或相互致意。称谓语的运用是否恰当，尤其是初次交往时，常常直接影响到交往的成败。称谓友好得体，对方产生好感，就会很快步入交际之域；如果称谓不当，对方产生反感，就会给交际带来困难。如学生直呼老师的姓名，老师就会认为学生不懂礼貌；对老年人直呼其为"老头儿"，那老人必定恼火；对对方的爱人说"你的老公"（"你的老婆"），对方必定会觉得对他（她）不尊重，这样一来，就有可能影响交往的继续进行。

---

① 《从小处见文章：毛泽东说名道姓中的智慧与幽默》，http：//www.hi.people.com.cn/2007/06/11/313677_4.html。

要恰当地运用称谓语，首先要正确地确定称谓。改革开放之前，不管什么人（敌人除外）都可以称同志，但现在却变得复杂多了，原因之一就是交往的范围更广泛了，接触的人更多了。改革开放的时代，要同各种各样的人打交道，因而也就要有适合各种各样人的称谓。如何确定称谓，可以从以下几个方面考虑：一是根据年龄大小、辈分高低来确定，如老大爷、老太太、大伯、大婶、大哥、大嫂、小弟弟、小妹妹、小朋友等；二是根据职务、职称来确定，如某书记、某长、某主任、某教授、某医师、某工程师等；三是根据职业来确定，如某师傅、某老师、某医生等；四是根据关系的密切程度和感情的深浅来确定，或直呼其名，或只称其字号，或在其名字前冠以敬词或表示亲切的词，如“敬爱的”“亲爱的”，男女恋人和小夫妻之间还可称“我的亲爱的”（昵称）。其次，运用称谓要准确得体，恰如其分。该用尊称的一定要用尊称，如对长辈、老师等用“您”“您老”，以示尊敬；对小辈、下属可以用“小某”或叫其名字，对同辈可以用“老某”或叫其名字。另外，运用称谓还要注意根据场合的不同而有所不同。如在公众场合或当着领导者（上司）的下级（下属）的面，直呼领导者（上司）的姓名，那领导者（上司）是会不高兴的，即使是老同学也可能如此。再如恋人之间的昵称，用在公开场合也是不妥的。

毛泽东在运用称谓语方面的技巧也是值得我们学习的。毛泽东运用称谓十分讲究，对党内人员、党外朋友、国际友人、亲属故旧，他分别根据其不同身份、不同亲密程度而采用不同的称谓。对于党内人员，他以同志相称，如周恩来同志、刘少奇同志，或称老某、小某，反映了党内的成员亲密无间的关系和平等相处的政治地位。对于党内德高望重的老同志，如徐特立、董必武、谢觉哉、林伯渠、吴玉章这五位老革命家，在其姓后加“老”（徐老、董老……），表现了毛泽东敬老尊贤的美德。对身边的秘书，如胡乔木、林克等，往往直呼其名，反映了他与一般工作人员亲密融洽的关系。对周恩来、刘少奇、朱德等这些党和国家领导人，毛泽东在书信、电报中，有时只列其姓，表现了领袖人物之间亲密合作、团结共事的关系。

对于党外民主爱国人士的代表人物，在书信中，毛泽东常称先生，对关系更密切的（如开明绅士李鼎铭）则称之为老先生，以表示非同一般的尊重之情。在口语交往中，对那些有影响的民主党派领导人，毛泽东以其字号带“老”或“公”相称，如对张澜（字表方）称表老，对程潜（字颂云）称颂公，等等。对于具有专业技术的人士，如教师、医生则称某某教授、某某大夫等。中华人民共和国成立后，不少民主党派领导人参加了国家政权的管理工作。这时，毛泽东对他们则多以职务相称，如某某部长、院长、副总理等，以表示对民主党派领导人担任国家重要职务的认可和信任。对伟大的爱国民主人士宋庆龄，1949 年以前毛泽东称之为国母，有时称先生，1949 年后称宋副主席，到晚年在书信上则以“亲爱的大姐”相称，充分表现了毛泽东对宋庆龄这位终生不渝支持和拥护中国革命的爱国共产主义战士的崇敬之情。毛泽东对中共“一大”代表李达（字鹤鸣）称鹤鸣兄，李达对毛泽东以字“润之”相称，中华人民共和国成立后李达想改口称“主席”，但毛泽东则要求李达仍以“润之”相称。毛泽东下乡调查，遇到不相识的农民，如果是男的，就走到跟前亲热地问道：“你叫什么名字？大哥！”如果是女的，便说：“大嫂，怎么称呼你？”以“大哥”“大嫂”相称，反映了毛泽东对农民的深厚感情和对农民群众的尊重，也体现了中华民族在人际关系上讲究远近亲疏的民族特性。

（三）讲演类语言的技巧

在人际交往的语言中除了见面语、称谓语之外，还有讲演（讲课）语、辩论语、谈判语、书信语等，这类语言有一个共同的特点，就是富有激情和鼓动性以及幽默感和生动性。领导者作报告、教师讲课、专家学者讲演、辩论双方的辩论、谈判双方的谈判以及给交往对象写信等，都要力争使自己的语言富有激情和鼓动性，具有幽默感和生动性，只有这样才能吸引交往的对象（听众、学生、辩论和谈判的对方、收信者等），激励和鼓动对方，感染和说服对方，从而收到预期的效果。为什么同样内容的报告或课程，有的人讲起来，听众或学生感到淡而无味，提不起精神，甚至打瞌睡，而有的人讲起来，听众或学生觉得津津有味，精神振奋集中，其中一个重要原因就在这里。为什么同样一个谈判项目，有的人与对方谈了多次而不能成功，而有的人只谈一次就达成了协议，其中的一个重要原因也在这里。

毛泽东在运用讲演类语言方面也是一位高手。他的报告、演讲、书信和谈话，一个十分突出的特点就是富有鼓动性和激励性，说服力和感染力强，受人赞同，得人拥护，使人振奋，催人行动。著名社会活动家费孝通称赞杰出的爱国民主人士闻一多的演讲，能“使糊涂的人清醒过来，怯懦的人勇敢起来，疲倦的人振作起来，而反动派则战栗地倒下去”。将费先生赞颂闻一多的这些话用来形容毛泽东的演讲、书信、谈话等的魅力也是恰如其分的。

1941 年至 1942 年是中国抗日战争极端困难的岁月，当时日本法西斯对我解放区进行“大扫荡”，蒋介石集团对我解放区进行经济封锁，解放区的经济发生严重困难。为了战胜困难，党中央和毛泽东采取了一系列措施，其中在经济方面决定开展军民大生产运动。1941 年春，党中央在延安召开了军民大生产动员大会，毛泽东在大会上作了振奋人心的演讲。他说："同志们，目前摆在我们面前的路有三条：一条是眼巴巴地等着饿死；一条是散伙回家，不干革命了；还有一条就是自力更生，艰苦奋斗。这三条我们应该走哪一条呢?"讲到这里，毛泽东有意地稍微停顿了一下，给听众以思考和选择的时间。接着，他逐条分析，饿死是没有人赞同的，解散也是没有人赞同的，还是自己动手吧！只能走自力更生、艰苦奋斗的道路，只有这一条路是通向胜利和光明的路。党中央号召全体军民自己动手，丰衣足食，建设边区，保卫边区，夺取抗日战争的全面胜利。毛泽东的这席话，既充满了激情，又运用了设疑的方法，给到会者以极大的鼓舞，使大家在严重困难的时候看到了光明前途，提高了战胜困难的决心和勇气。

1936年，为了争取国民党军政官员和爱国民主人士结成广泛的抗日民族统一战线，以挽救民族危亡，毛泽东一一给他们写信，表示中国共产党的立场和态度，呼吁他们团结一致，共同抗日。这些信都极富说服力和感染力，例如：

1936年在给当时任国民党军第八十四师师长高桂滋的信中，毛泽东说："当此国亡无日关头，鄙人等决不因小节而忘大难。区区救国之诚，谅蒙贤者深察。抑更有进者，居今日而言，抗日讨卖国贼，非有广大之联合战线不为功，此不但在国内者为然，即在国际者亦然。……嘤其鸣矣，求其友声，暴虎入门，懦夫奋臂，谁谓秦无人而曰甘受亡国奴之辱乎？寇深情急，竭意进言，惟阁下熟思而审图之。"① 在这里，毛泽东运用典故和对偶等修辞手法，表明自己的态度，并激励收信者，言词恳切，感情真挚，爱国之心，保国之志，跃然纸上，令人感奋。

同年9月8日在致当时任国民党政府驻甘绥靖公署主任朱绍良的

① 《毛泽东文集》第1卷，人民出版社1993年版，第414~415页。

信中，毛泽东讲：“十年酣战，随处与先生相遇，可谓大有缘矣！然鹬蚌相持，渔人伺于其侧，为鹬蚌者不亦危乎？……两党两军之间，无胶固不解之冤，有同舟共济之责。抛嫌释怨，以对付共同之敌，天下后世颂先生为民族英雄，岂不愈于胡宗南君所谓‘无期徒刑’乎？夫‘剿匪’非特无期徒刑也，且是一种死刑。”① 他运用幽默的话语、生动的对偶和化用古代成语，指出国共相争只会有利于日寇的侵略，规劝朱绍良捐弃前嫌，共同对敌，极具鼓动性和感染力。

毛泽东在讲演、书信里所表现出的运用语言的技巧，是很值得我们学习的。当然，要真正学会这些技巧，首先必须提高自己各方面的素质，就语言方面来讲，要掌握丰富的语言知识。其次，无论是讲话、写信，还是演讲、讲课，都要饱含激情，要有幽默感、生动性、感染力和鼓动性。

（四）开导语的技巧

人生在世不是一帆风顺的，总有遭受挫折、处于逆境的时候，总会碰到不顺心、不乐意的事，这就需要别人的开导和帮助。领导干部要做下级和群众的思想工作，也离不开教育和开导。因此，开导语的运用，在人际交往中也就不可缺少。开导语的运用也有一个技巧问题。有的人做他人的思想政治工作，虽费九牛二虎之力，但收效甚微；而有的人却能收到事半功倍的效果，这其中就有一个谈话技巧问题。一般来讲，做人的思想工作，与人谈话，乃至领导者作报告，教师讲课，都要注意根据不同的对象，采用不同的语言方式，做到以情感人，以言词动人，以理服人。对文化水平高的人的劝导教育，可以引经据典，透彻分析，从而得出令人信服的结论；对文化层次低的人

---

① 《毛泽东书信选集》，人民出版社 1983 年版，第 58 页。

的劝导教育，就应讲通俗些，可以借助具体事例、生动比喻等将较深奥的道理浅显化。毛泽东在处理人际关系、做人的思想工作时，就是根据不同的对象，采取不同的语言形式，或引经据典，旁征博引，透彻说理，或运用生动具体的事例和形象的比喻，或借助神话与历史故事和文学作品中的艺术形象，化繁为简，化难为易，化抽象为具体，深入浅出，从而收到令人心悦诚服的效果。例如：

抗日战争初期，“八一三”事变后，早在20年前就与毛泽东相识的梁漱溟，怀着对蒋介石政府抗战的失望、对抗战前途极度忧虑甚至悲观的心情，专程到延安向毛泽东请教对时局的见解。一见面梁漱溟就把他从山东经南京、武汉到延安沿途所见的一幅幅百姓流离失所、争相逃难以及国民党官员不顾亿万同胞的生死、不战而逃的情景，和盘托出地告诉毛泽东。毛泽东认真地听完梁漱溟的叙述和对时局的看法，面带笑容，斩钉截铁地说：“梁先生，你所听到看到的若干情况，大体是事实。”①“但我的看法，中国的前途大可不必悲观，应该非常乐观！中华民族是不会亡的，最终中国必胜，日本必败，只能是这个结局，别的没有！”②毛泽东一开头语气就这样坚定，神态如此自信，完全出乎梁的意外。紧接着，毛泽东详尽地绘声绘色地分析了战争的性质、人心向背、敌我友三方力量的对比、强弱的变化和战争发展的几个阶段等一系列关系到抗战结局的问题，最后又水到渠成地回到中国必胜、日本必败的结论上。毛泽东的分析是那样深刻透彻，论证是那样的严密、入情入理，使梁漱溟这位早年曾执教于北大哲学系的哲学家不得不心悦诚服。

---

① 李雨檬：《毛泽东与梁漱溟的两次长谈》，《中国组织人事报》2016年1月12日。

② 李雨檬：《毛泽东与梁漱溟的两次长谈》，《中国组织人事报》2016年1月12日。

1938年4月初的一天上午，毛泽东来到抗日军政大学参加第三期学员结业典礼。会上毛泽东要求学员努力学习和掌握“坚定正确的政治方向，艰苦朴素的工作作风，灵活机动的战略战术”这一抗大的优良作风。为了使学员对这三大作风有一鲜明形象的理解，毛泽东引用中国古典小说《西游记》中为老百姓喜闻乐见的艺术形象加以阐释。他风趣地说：唐僧这个人，一心一意去西天取经，遭受九九八十一难，百折不回，他的方向是坚定不移的。但他也有缺点，麻痹、警惕性不高，敌人换个花样就不认识了。猪八戒有许多缺点，但有一个优点，就是不怕艰苦，能吃苦耐劳。孙悟空很灵活、很机灵，火眼金睛，识别能力强。还有那匹白龙马，不图名，不图利，埋头苦干，把唐僧一直驮到西天，终于把经取回来了。这是一种朴素踏实的作风，是值得我们效法的。毛泽东这种寓教于乐的讲话赢得了全场热烈的掌声和笑声，给人留下了终生难忘的印象。

（五）批评语的技巧

我们常说，“金无足赤，人无完人”。人生在世，孰能无过。正因为如此，所以批评和自我批评在人际交往中就不可缺少。正像有了成绩和优点需要真诚的肯定和赞扬一样，有了缺点和错误也需要善意的批评和指正。人际交往中只是一片赞扬和恭维声，而无善意严肃的批评，就不能建立正常健康的人际关系。但是，一般来讲，人们总是喜欢听肯定和赞扬自己的话，指出自己的不足和错误的话却不爱听。“忠言”虽然有利于“行”，但总不免有些“逆耳”。正因如此，所以作为批评者应该设法变“逆耳”忠言为“顺耳”忠言，力求达到预期的批评和忠告的效果。毛泽东就能成功地做到这些。这除了他具有无产阶级革命家的博大胸怀、与人为善的心态外，还与他那精心的语言设计和精湛的语言艺术有密切的关系。他总是努力运用恰当的语言形式，使当事人在轻松愉快的气氛中接受他那善意的批评。例如：

中华人民共和国成立初期实行薪金制后，毛泽东的卫士田云玉的工资每月为37.5元，到1956年工资调整时，卫士组里的同志评议给小田升两级，但经上级有关部门全面平衡，只给他升了一级。为这件事小田找领导吵了一顿，并且哭了一场。毛泽东知道后用商量的口气、平等的态度，亲切地对小田说："小田，我跟你商量一件事情。我准备从我的工资里拿出钱来给你发工资，你的工资不要国家来负担，你看多少钱合适？"毛泽东这一问，毫无思想准备的小田一时回答不上来。毛泽东见小田没了主意，便问："你现在工资多少？"小田说："43.8元。"毛泽东立即说："我给你60元可不可以？"小田想，拿主席私人的钱，那怎么行，于是回答说："这怎么行，主席，那样我不就成了您私人的人了？"于是，毛泽东因势利导地指出："你考虑得很好。……钱这个东西是很讨厌的，可我拿它没办法。现在谁拿它也没办法，列宁也没办法。但总归还得有。……一次我去上海，坐火车没有钱，借了人家的钱，结果在车上打瞌睡，一双鞋子丢了，到了浦口下车才知道。正好碰上了熟人，又借了钱，才买了鞋买了票，这样才进了上海。钱就是这么讨厌，就是这样没有还不行。"①毛泽东的这些话，听起来好像是长者对晚辈讲故事，又像是老朋友见面时拉家常，而不像是在批评教育人。毛泽东提出用自己的钱给小田发工资，动之以情，使小田深受感动；当小田意识到这样不妥时，他就因势利导地指出，钱这个东西不可不要，又不可随便多要，晓之以理，使小田深受教育。出自毛泽东的忠言，不但不逆耳，反而顺耳、顺心、顺气，既教育帮助了同志，又没有伤害一点感情。

另外，批评别人的话，要切合实际，坚持唯物辩证法。首先要肯

---

① 《毛泽东反感等级工资制：钱这个东西很讨厌》，http://book.people.com.cn/n/2013/0827/c69360-22705980-2.html。

定被批评者的优点和成绩，哪怕只有那么一点闪光的东西也要肯定，从而为被批评者接受批评创造一个良好的心理状态，增强克服缺点、改正错误的自信心和自觉性；同时，也有助于增进彼此的了解和友谊，协调相互间的关系。

在延安整风时，著名作家丁玲因发表《三八节有感》这篇批评别人的文章而受到别人的批评。这篇文章她是在因两起离婚事件引起为妇女同志鸣不平的情绪下写的，缺乏冷静分析，文章有片面性，缺乏一分为二的辩证法。为此，丁玲特地向毛泽东请教，如何批评才能使人愉快地接受。她说："为什么你在文章里批评人，人家服气，我写文章批评人，人家不高兴呢?"毛泽东直截了当地说："批评同志要实事求是，讲辩证法，人家有优点要肯定，缺点有几分就说几分，要恳切，不要刻薄。你不肯定人家的优点，缺点又说得过分，当然人家不高兴。"毛泽东这番话道出了批评应持的态度、原则和方法，即与人为善的态度、实事求是的原则和一分为二的方法。我们在处理人际关系开展批评时，也应该坚持毛泽东所说的态度、原则和方法，并使之能够很好地体现在批评的语言中。

二、人际交往的一般艺术

现代社会的发展，越来越需要人们总结自己、他人和前人的交往经验，采用适宜的交往方式和方法来指导自己的交际实践，以便建立广泛良好的人际关系。总结古今中外人际交往实践的经验，可以将人际交往的一般艺术归纳为下列几种。

（一）幽默慰人术

幽默慰人术是借用幽默的语言以活跃气氛，给人以慰藉，为人们增添欢乐和增进友谊的一门艺术。幽默是一种高雅的俏皮话和滑稽的结合。幽默是智慧和灵感在语言运用中的结晶，也是一种良好的个人修养的标志。美国前总统罗斯福在当海军军官时，有一次一位好友问他美国新建潜艇基地的情况，罗斯福不好正面拒答，就问他的朋友："你能保密吗？"他的朋友随即回答"能"。罗斯福笑着说："我也能。"好友一听，便不好再问。这种在幽默的笑声中拒绝他人的方法，在人际交往中经常被运用。毛泽东同志在幽默语的运用方面则更为突出，他与人谈话的一个显著特点就是生动有趣，极富幽默感。例如：

1945 年重庆谈判期间，毛泽东利用谈判空隙向文艺界部分名流作了一次生动的讲演。讲演结束后，有人问毛泽东："假如谈判失败，国共两党全面开战，毛先生有没有信心战胜蒋先生？"毛泽东回答说："蒋先生的蒋，是将军的'将'字头上加一棵草，他不过是一个草头将军而已。"有人不怀好意地讽刺道："那毛……"不等那人说完，毛泽东不假思索地说："我的毛字，不是毛手毛脚的毛字，而是一个'反手'。意思是说，代表中国人民根本利益的中国共产党，要战胜代表少数人利益的国民党反动派易如反掌。"毛泽东的幽默绝妙解释，顿时博得了满堂喝彩。①

1953 年在贵州剿匪时，战士们抓到了程莲珍这个女匪首。当李达参谋长向毛泽东汇报"这个女匪首，下面要求杀"时，毛泽东说："好不容易出了个女匪首，又是少数民族的，杀了岂不可惜？""人家诸葛亮擒孟获，就敢七擒七纵，我们擒了个程莲珍，为什么不敢来个八擒八纵？连两擒两纵也不行？总之，不能一擒就杀。"

毛泽东同外国人谈话时也极富幽默感，令外国人赞叹不已。例

---

① 此部分资料来源于高伟杰：《跟毛泽东学习幽默智慧》，上海辞书出版社 1997 年版。

如：1949 年 12 月，毛泽东第一次出访苏联，其主要目的是庆贺斯大林 70 寿辰，同时签订两国友好条约。从毛泽东下车伊始，斯大林就很客气，但并没有打算订约。毛泽东则提醒说，双方应协商搞个东西，这个东西既好看，又好吃。所谓好看，就是形式上好看，要给世界的人看；好吃是要有实际内容。

20 世纪 50 年代某年夏天，越南劳动党主席胡志明应邀来中国访问。胡志明刚踏进毛泽东的书房，毛泽东就给他递去一条毛巾，请这位客人擦汗。接着，毛泽东含笑对在座的人说："他是应我私人邀请来走亲戚的，不发消息，也不照相。"一次，一群日本客人向毛泽东谈到美国占领者如何歧视日本人，当客人的话讲完，毛泽东就一针见血地说："他们很看得起有色金属，却看不起有色人种。"听了这句机智俏皮的话，客人举座大笑。另一次，毛泽东同一个来自阿拉伯国家的代表团谈到人世间纷争不断的问题，客人们十分感慨。忽然，毛泽东问客人："伊斯兰教的真主是谁?""谁是佛祖?""谁是基督教的上帝?"客人们出于礼貌一一作答。然后，毛泽东告诉客人："按照中国道教的看法，天国还有众神之王，叫'玉皇大帝'。"接者，他话锋一转说道："如此看来，天上也不会那么平安了，因为天上也要划分势力范围呀!"这番富有想象力和幽默感的话，使客人们个个拍手称好。

1961 年 9 月，毛泽东在武汉东湖之畔两次会见了英国陆军元帅、著名军事家蒙哥马利。会见时，蒙哥马利问毛泽东多大年纪了，毛泽东回答说 68 岁了。他反问蒙哥马利多大年纪了，蒙哥马利说 74 岁了。毛泽东接着说："元帅是特别人物，相信能活到 100 岁再去见上帝。我不能，我现在只有一个五年计划，到 73 岁去见上帝。我的上帝是马克思，他也许要找我。"蒙哥马利也颇富幽默地说："如果我知道马克思在什么地方，我要请他等等。这里更需要你。"

1965年在祝贺中国人民的老朋友安娜·路易斯·斯特朗80岁生日的聚会上，毛泽东与在座外宾谈了两个小时，整个谈话充满了幽默、巧妙的应答。他首先开玩笑地说道："现在这儿有两派，抽烟的为一派，而斯特朗同志则是反对派，不吸烟的一派。"聚会上，斯特朗还回忆起1964年与毛泽东的一次长谈。在那次会谈时，当谈到胡宗南时，毛泽东说胡宗南从西安伸出了两条胳膊，张开了十个手指，想把整个陕北抓过去，我们看准了其中的一个手指头，到了一个对他不利的地方就咬下他一个。咬掉一个手指头全身就震动。我们继续这么干下去，半年左右我们的部队就重新夺回了延安，就这样我们赢得了全国的胜利。

1972年美国总统尼克松来到中国，毛泽东与他会晤。毛泽东以他非凡的幽默感，轻松自如地驾驭着整个会谈。他那轻松的俏皮话使人觉得是几个经常来往的熟人在聊天，一些十分严肃的原则性问题在他诙谐随意的谈吐中暗示出来。当尼克松就国际问题列举一系列需要共同关注的国家和地区共同解决时，毛泽东摆摆手，指着周恩来说道：这些问题不是在我这里谈的问题，这些问题应该同周总理去谈，我谈哲学问题。但当基辛格细心琢磨毛泽东与尼克松的谈话记录时，却发现毛泽东的谈话中实际上已勾画了中美上海公报的内容。公报的每一段落，在谈话中都有毛泽东相应的一句话。

幽默慰人术的运用，需要有敏锐的洞察力和丰富的想象力；思维要敏捷，随机应变；情趣要高雅，豁达大度。但是，对于初识的人或长辈，幽默一定要慎用，否则别人会认为你是故意卖弄聪明，或者认为你是一个轻浮的人。

（二）魅力展示术

魅力是指人与人之间的一种由喜欢而引起的感召和吸引力。魅力可分为外在和内在两种。外在魅力，主要指外貌的俊美，服饰的适宜，言谈的优雅，举止的得体，以及传神的目光，动人的微笑等。内在魅力是指良好的气质，优美的个性，丰富的学识，出众的才华，高尚的品德等。人际交往中应追求外在和内在魅力的统一，尤其注意内在魅力的培养和发挥。如《红楼梦》中的史湘云，就有一种吸引人的内在魅力，大家都愿意和她交朋友。在大观园中，处世圆滑的袭人，博学多才的探春，才貌俱佳的宝钗，都能与他人友好相处，受到大家的欢迎。相比之下，林黛玉就不为大观园中的人喜欢，她个性内向，不开朗，心胸狭窄，多愁善感等，这也是造成她与贾宝玉的爱情悲剧的原因之一。

一个人要富有吸引人的魅力，首先，必须深明事理，识大体，顾大局，既坚持原则，又宽容待人，能容忍别人的缺点和错误。其次，必须有良好的道德品质。如谦虚谨慎，诚实守信，文明礼貌，善于理解和体贴人，关心和帮助人。再次，拥有渊博的知识和出众的才能，并能与他人进行坦承交流。最后，举止大方得体。“坐有坐相，站有站相。”在大的社交场合从容不迫，有板有眼，谈笑有度，该行则行，该止则止，始终保持旺盛的精力，敏捷的头脑，把微笑和欢乐留给他人。

（三）时空运用术

人们的交往总是在一定的时间、地点中进行的，应该巧妙地利用时间和空间这些环境因素为交往服务。

1. 时间的运用艺术

在运用时间艺术时要注意以下几点：

第一，在正常交往时间内交往。属于工作上的一般交往，可选择对方上班的时间内进行，这样有利于提高双方的工作效率。工作上的事一般不要在对方的休息时间找他，以免打扰对方而使其产生反感。

第二，在特殊的时间内适时交往。当交往的对象在事业上取得成功，或遇到婚嫁、添子等喜事时，这是极好的交往时间，应该适当给予祝贺，共同分享欢乐；当交往的对象事业上不如意，或遇到灾祸打击、身患疾病时，应及时给予关心和帮助，使之摆脱痛苦，战胜困难或疾病。古人云："饱时给一斗，不如饿时给一口。"若能在危难困境中给予真诚帮助，对方将刻骨铭心，终身不忘。另外，还可以利用节假日、茶余饭后、闲暇之时交往。

第三，准时赴约。准时赴约是对他人的尊重，会引起对方的好感和信任。反之，则会引起对方的失望和不满。青年男女谈恋爱，尤其要注意这一点。

第四，注意交往的频率和每次交往的时间。一般情况下，交往频率越高，越容易建立交际关系；每次访晤，相聚时间越长也越有利于交际。但是，这并不是绝对的，要根据实际情况，把握拜访的时间和频率。他人在休息、睡眠、就餐或干自己想干的事时，就不能随便打扰，即使是对待亲密朋友也要注意这一点。

2. 空间的运用艺术

随着社会的发展，交通工具和通信工具的进步，空间距离对人际交往的影响愈来愈小，但影响总还是存在的。因而，有意识地利用空间距离为交往对象服务，是每个高明的交际者应用的技巧之一。中国有句俗话"远亲不如近邻"，就是说邻里之间由于住得近，发生交际的可能性较大，交往的频率会较高，容易建立起极为亲密的人际关系。反之，虽是血亲，但若彼此相距遥远，直接交往的可能性就小，原来极为密切的关系也会随着时间的流逝而慢慢淡化。同乡之间，同学之间，师生之间，同姓之间，一般比较容易交往，其原因之一也就在这里。因此，人们可以利用这些有利因素进行交往，以便建立广泛良好的人际关系。

另外，空间地点的不同也影响着人们的交往。假如你去拜访某人，他在办公室外，或在家门口与你谈话，不邀请你进去坐坐，那实质上他是在利用空间地点向你发出信息："我正忙着，请你改天再谈！""对不起，我今天没空，请改日再来吧！"因此，在人际交往中，要重视空间距离、地点，根据实际情况，巧妙地处理人际关系。

（四）巧问妙答术

巧问妙答是人际交往中最常用的方法之一，也是一个带技巧性的问题。恰当地使用交往用语，掌握巧妙的问答艺术，是取得良好人际关系的基础。

问话的艺术。社交场合中问话的原则一般是看准对象，把握时机，注意场合，再顺水推舟地引向正题。例如，湖北记者去北京采访数学家陈景润的工作、家庭、生活等情况，他们一到目的地先和数学家的夫人由昆寒暄，第一句话是："听说您是湖北人，怎么普通话说得这么好呢？"这句问话，巧在既利用了同乡之情又抓住了人们喜欢听赞扬之声的心理。由昆高兴地回答："是吗？"于是，交往的双方都沉浸在"老乡"相见的愉快之中，交谈达到了和谐的气氛，从而深入采访数学家的工作就很顺利地完成了。

人际交往中问话要简洁明了，围绕中心，除了一些闲谈叙旧的铺垫外，一般都必须中心明确，如果有些发问的内容不宜"单刀直入"，则可稍加巧妙地"绕弯过渡"，然后进入正题。

应答的艺术。应答术是对对方提出的问题做出正确、及时、巧妙的回答。在一般的人际交往中，常用的应答方法是顺应式应答和回避式应答。另外，还有正式应答、否定式应答、利用式应答等。这里只介绍顺应式应答和回避式应答。

顺应式应答是提问者提出的问题较为明确具体，应答者对提出的问题有深刻的理解且能及时、准确地给予答复。如交往的一方问："明天晚上能陪我看电影吗？"另一方回答说："行，明天晚上我一定陪你去。"回避式应答是当遇到过于尖锐或难以回答，或不便回答的问题时，应答者作了回答，但又等于没有回答。如前面讲到的罗斯福就他的好友所提关于潜艇基地问题的回答，就是典型的回避式应答（属于对不便回答的问题的回答）。1961年毛泽东对于蒙哥马利所问接班人问题的回答，先后用了顺应式应答和回避式应答。蒙哥马利问道："主席，我认识世界许多国家的领导人，我注意到他们很不愿意说明他们的继承人是谁，比如麦克米伦、戴高乐等。主席现在是否明确，你的继承人是谁？"毛泽东直截了当地回答说："很清楚，是刘少奇，他是我们党的第一副主席。我死后，就是他。"蒙哥马利又问："刘少奇之后呢？是周恩来吗？"这时，毛泽东则采取了回避式的应答，他说："刘少奇之后的事我就不管了……"①

（五）举止感人术

举止是一个人的品质和修养的外在表现。一个人在与他人的交往中，如果举止得体，分寸适当，稳重大方，就会给他人产生良好的印象，形成一种可亲可敬之感，使人愿意与之交往。如果相反，就会产生一种缺乏修养、粗鲁俗气之嫌，失去人际交往的亲近感。要做到举止得体，增强人际交往的吸引力和效果，应做到下列两点。

首先，要约束自己的行为，学会调控自己，养成良好的行为习

---

① 高伟杰：《跟毛泽东学习幽默智慧》，上海辞书出版社1997年版，第187页。

惯。有的人对自己的站相、坐相不大在意，在课堂里、会场上和其他集体场所，歪坐在凳子或椅子上，或者倒在沙发上，架起二郎腿并不时地抖动，一副散漫的样子，既令人反感生厌，又失去了自己的气质和风度；有的人在办公的地方和他人休息的时间，毫无顾忌地大喊大叫，影响他人的工作和休息；有的人随地吐痰，乱扔纸屑、烟头、果皮，不注意公共卫生；有的人乱开玩笑甚至无理取闹……这些都是不文明的举止，给人的印象就是缺乏教养和自制力。在交往中必须克服上述种种不良习性，努力做到自然大方、不卑不亢、文明礼貌。

其次，要正确使用非语言形式。人们在交往中，用语言或文字难以表达的情感和意念，常常可以通过某种形象或行动表达出来。“此时无声胜有声”，说的就是无声语言在人际交往中的作用。讲话的内容往往容易忘记，但讲话者的表情、姿势、手势等却给人难忘的印象。因此，在人际交往中要重视非语言形式的运用，如能正确地使用非语言形式，就会给我们的交往大开方便之门，收到良好的效果。非语言形式多种多样，如手势、位次、眼神、表情、姿势、气质风度等。

交往过程中，利用手势可以使语言更生动，感情更丰富，感染力更强。善于演说、作报告、讲课的政治家、学者、教授大都是擅长以手势助说话的。眼神是人们在交往中通过眼睛所表达出来的一种情感，它在传递信息方面起着重要作用。我们应注意正确运用眼神表达自己在人际交往中的信息和情感。与人交往时，不要出现诸如漫不经心、献媚轻佻、轻蔑傲慢等令人不快、伤害他人感情的眼神，而应该是自然、和善、谦逊、热情、尊重他人的眼神，具体应该以什么样的眼神，还要看交往的对象和谈话的内容而定。位次是对交往双方所处的座次、次序和间隔远近的一种要求。如两人同时进入房间，应让长者先行；与朋友、同事谈心时，应并肩而坐，亲切自然；两人相对站立交谈，一般应保持一定距离。倾听也是一门艺术，交往中要注意正视谈话者，当对方与你交流目光时，应点头回应，以示礼貌。别人在发言或谈话时，不随意插话，要耐心倾听，控制厌烦情绪外露。如确需插话，应有礼貌地征得其同意。若需评论，应在听完后进行。

行为举动也是传递信息和交流情感的重要方式。在人际交往中，如果能采取恰到好处的行为举动，往往能收到事半功倍的效果。如我们经常强调领导和教师要以身作则，做群众和学生的表率，这种“示范”行为就能收到很好的效果。

无产阶级政治家毛泽东特别重视无声语言的作用，他对无声语言的运用可以说到了炉火纯青的地步。他的谈话、讲演、报告之所以能吸引听众，令人难忘，其中一个重要因素，就是他那颇具魅力的姿势、手势、表情、目光、毅力、气质风度等无声语言，而且，他还往往以无声的行为举动直接代替有声的语言，从而收到极好的效果。例如：

1945 年 8 月 28 日清晨，毛泽东登机赴重庆与蒋介石谈判，当走到飞机窗口时，他转过身来，摘下那顶深色的盔式帽子，慢慢地举过头顶，忽然用力一挥，便停在空中，一动不动。毛泽东的这个动作，给全体在场送行的人以极其深刻的印象。毛泽东是借此动作表明他为争取国家和平美好前途而深入虎穴、赴汤蹈火的决心，也是在对同志们说：请大家放心，我定不辜负人民的重托和期望，圆满地完成任务而胜利归来。

毛泽东一生没有特别的嗜好，只是与红烧肉和烟草有不解之缘。长征时遇上烟草供应中断，竟然以枯干的树叶代烟。有时，好友来访，碰上手头只剩一支香烟，毛泽东就将这一支烟分为两半，宾主各抽一半。尽管毛泽东有如此大的烟瘾，但在革命斗争需要时，他毅然坚持不抽烟。重庆谈判期间，毛泽东与蒋介石前后谈了 10 多次，每次几个小时，他都不抽烟，因为蒋介石不抽烟。毛泽东的这种表现，一方面是为了尊重对方不吸烟的习惯，另一方面更重要的是向谈判对手显示自己的顽强毅力和非凡意志，以进一步施加对蒋介石的威慑力。事后，蒋介石曾对陈布雷深有感触地说："毛泽东此人不可轻视。他嗜烟如命，手执一缕，绵绵不断，据说一天要抽 50 支烟。但他知道我不抽烟，在同我会谈期间，竟然不抽一支烟。对他的决心和精神不可小视啊！"可见，毛泽东的这种无声语言确实使蒋介石震惊不已。

毛泽东从青少年时起就一直喜欢吃红烧肉，并认为红烧肉是补脑的，每当太劳累时就想吃点红烧肉补补脑子。但是，一旦需要以身示范，与人民群众共渡难关时，他也坚决不吃。1959 年至 1961 年的三年困难时期，毛泽东坚持从自身做起，率先垂范，与人民群众同呼吸共患难。青黄不接的时节，他许多天不吃一粒粮食，只吃菠菜、马齿苋等野菜。1960 年是最困难的一年，他 7 个月没吃一口肉，常常是一盘马齿苋便充一餐饭，一盘炒菠菜就支撑着一天的工作。腿部浮肿了，按下去就是一个坑。周恩来一次又一次劝说："主席，吃口猪肉吧，为全党全国人民吃一口吧！"但毛泽东总是摇头说："你不是也不吃吗？大家都不吃。"毛泽东的这种以身作则的榜样行为，对于激发全党和全国人民克服困难、渡过难关，无疑起了不可估量的作用，这种作用是几次讲话或报告远不可能达到的。

三、人际交往中常见问题的处理

人际交往中存在一些常见的问题，如赞扬人、批评人、解雇人、调换工作等。处理这些问题也必须采取正确的态度和方法，否则就会给人际关系造成不好的影响。下面简要介绍几种最常见的问题的处理方法和技巧。

（一）赞扬他人的技巧

心理学的研究表明，每个人都希望得到他人的肯定和赞扬，受到肯定和褒奖就感到高兴。实践也一再证明，肯定和赞美较之批评和惩罚，更使人奋发向上。因此，我们在人际交往中应该多肯定他人的长处和优点，称赞他人的功劳和业绩，这是人际交往中的一个基本原则。具体来讲，肯定和赞扬他人，要做到如下几点。

1. 发掘和确定对方最值得肯定和称赞的地方

每一个人都有自己的优点和长处，而且这种优点和长处表现在许多方面，如气质、品格、学识、业绩、服饰等，即便是名字、出生地、所属单位等，也会各有特点。我们与人交往时就要善于发现和称赞他所具有的最值得肯定和称赞的地方。例如，对于一个长相漂亮的女子，她的美丽是与之交往的人都知道的，如果大家都称赞她这一点，她听得多了，也就不会有什么感觉了。倘若你不人云亦云，不落俗套，换成赞扬她更值得赞扬的气质、品格方面，那效果就必定大不一样，就能赢得她对你的另眼相看。

2. 肯定和褒奖对方的任何一点进步和成绩

人们一般都是有一定的自尊心、自信心和上进心的，妄自菲薄、自甘落后的人毕竟极少。所以，在人际交往中如同学之间、同事之间、师生之间，乃至父母与子女之间、夫妻之间，都要注意维护对方的自尊心、自信心，鼓励其上进心，切勿伤害对方的自尊心、自信心和挫伤其上进心。这就要求对交往对象所取得的每一点进步和成绩都要予以肯定和赞扬，如此既能促进交往对象争取更大的成绩和进步，又能为自己建立良好的人际关系创造有利条件。

3. 肯定和称赞对方希望得到肯定和称赞的地方

俗话说，“人上一百，形形色色”。每个人的外貌、性格、爱好等都不会是一样的，所抱的理想信念和价值倾向也不可能完全相同，因而所希望别人对其肯定和赞美的地方也就不会一样。一般来讲，一个人喜欢什么、看重什么、追求什么，他就希望别人赞美他什么。比如，“爱美之心，人皆有之”，而女性则更甚。因此，对于一般的女性来讲，你赞美她“漂亮”，她决不会反感。女性爱美，因而也就喜欢打扮，其服饰也会精心挑选，也就是说，对女性而言，服装或饰物也是其希望得到赞美的方面。如果你对一位女同事讲：“你本来就漂亮，今天穿上这套衣服就更好看了。”听到这些话，你的那位女同事就会喜出望外。就男性而言，一般更希望别人赞赏他的学识、才华和业绩等。因此，与男性打交道时应该把称赞的侧重点放在这些方面。总之，洞悉并赞扬交往对象希望获得赞美的方面，这是赢得对方好感的有效方法，不管对方是女性还是男性。

4. 赞美要有分寸，不可太过分

为了得到交往对象的好感，以便顺利地步入交际之域，可以适当地赞美交往对象，但是赞美要适度、有分寸，不能言过其实，太失真的赞美往往会适得其反。比如一个男子对一个姿色不过中等的女子大加赞美：“你真美，没有人比得上，电影明星也远不如你漂亮。”倘若那个女子有自知之明的话，她一定不以为然，甚至怀疑这个男子别有用心。

5. 通过寓褒于贬的方式夸奖对方

赞美别人既可以直截了当，也可以采取规劝、寓褒于贬的方式。如说："你这个人太正直了，这样会得罪人的。"这既表示了对对方的关心，又夸奖了对方的品格，因为每个人都喜欢他人说自己正直。再如："你工作这么辛苦，一定要注意身体，不要把身体搞坏了。"这种夸奖人人都乐意接受，不仅感到你在夸奖他，同时认为你在关心他。

6. 背后说他人的好话效果更佳

当面称赞人，有时被你称赞的人不一定认为你是真心实意，甚至怀疑你另有所图。但若在背后称赞他人，被称赞者一般就不会怀疑你的真心，他会觉得你确实认为他好。也许有人说，背后赞扬别人，别人怎么会知道？诚然，如果只是在个别人面前或偶尔称赞他，他也许难以知道，但只要你在众多人的面前或多次夸奖他，他终究会知道的。而且，你自己也会养成一种背后说人好话的习惯，这样有利于搞好人际关系。人与人相处，切勿在背后议论人非，如果背后道人短处，时间长了别人就会对你产生不好的印象，就会影响你与他人建立良好的关系。

7. 在众人面前的赞扬要慎重

有人说："批评人要一对一，赞扬人要在大庭广众之中。"一般来讲，这是必须坚持的一个原则。但是，运用这一原则也不能绝对化，要视具体情况而定。往往有这样的情况，当领导表扬少数人时，其他在场的人或者不服气，或者产生嫉妒情绪，有时被表扬的人也感到为难。这样就会事与愿违，达不到表扬的效果。因此，在众人面前的表扬要慎重考虑一些情况。例如：当受表扬的人的确功绩较大，而且众所周知，这样的人当然是可以当众褒奖的；当某人陷入逆境，丧失信心，周围的人都表示同情，并希望鼓励其信心时，也是可以当众表扬的，给他打气加油。对确实可以当众表扬的人，还要注意把握表扬的度，如果每次都表扬他，就会引起其他人的反感："难道只有他行，别人就没有该肯定的地方？"这样一来，就会影响多数人的积极性和整体团结。

8. 在女性面前最好不要称赞其他女性

有人说："女人的敌人就是女人自己。"对女性而言，其他女性全都是"敌人"，这种看法是有一定道理的。女性在男女关系上一般都很少有容人的度量，说粗俗一点，也就是女性大都有"吃醋"的心理（当然，男性也不是完全没有）。例如，情侣相携上街，男的看见迎面走过的漂亮小姐，脱口说道："哇，好漂亮的女孩。"女的就会生气说："既然如此，你跟她去好了，我无所谓。"因为，她觉得赞美第三者漂亮就等于说她不漂亮。因此，在女性面前，最好不要当她的面赞美其他女性，以免引起误会而影响关系。

（二）批评他人的艺术

任何人都有长处和优点，也都有短处和缺点，十全十美的人，古今中外一个也没有。同时，每个人的一生，无论在生活、学习或工作方面，都会出现这样或那样的失误，一点错误不犯的人，古往今来同样一个也没有。有了缺点和错误就需要改正，只有这样，人才能不断进步和完善，事业上才能取得更大的成就。要纠正缺点和错误，一方面要靠人们进行自我批评，另一方面也需要他人的批评帮助。因此，我们强调在与人交往时要善于肯定和赞扬，但这并不意味着不应该进行任何的批评。一般来讲，在人际交往中要少用批评，慎用批评，但如果不批评便会误人误事时，还得进行批评。不过，为了达到批评的预期目的，收到好的效果，必须注意批评的态度和方法。关于这一点，前面在谈批评的技巧时讲到过一些，这里再补充几点。

1. 批评要坚持正确的态度

批评要抱着与人为善、实事求是的态度。批评的目的是帮助对方认识和改正缺点错误，促使他有更大的进步和取得更大的成绩。这就需要批评者的真诚和善意，要求批评者做到实事求是，不夸张，不带成见，让被批评者乐意接受，心服口服。不然，被批评者认为批评者在找他的麻烦而产生抵触情绪，那就不仅达不到批评的目的，而且会影响双方的关系。

2. 要采用对方易于接受的批评方式

一般而言，人们在挨批评时都会有些不高兴和不愉快。即使是以善于纳谏著称的一代明君李世民，在听到批评意见时也会多少有些不舒服，情感上更愿意听“顺耳”的恭维话。因此，要使被批评者心悦诚服，从而实现批评者的愿望，除了坚持正确的态度外，还要采取让被批评者容易接受的方式。如心平气和，以规劝商量的语气，而不用武断专横的不容辩驳的语气；运用摆事实、讲道理的方法等。只有这样，被批评者才能听得进去，才能收到好的效果。

3. 批评时要考虑对方的心理承受能力

批评人还要注意一个度，不能突破对方的心理承受能力。因为批评在于指出对方的缺点是什么、错在哪里，以便对方改正，而不是为了整人、出气。批评只是善意地向他人提出忠告。忠告固然应该深刻，刺激信号要到位，力争让对方认识到过失的严重性而幡然悔悟，但又必须使人能够忍受，不伤害其自尊心和自信心。

4. 批评时要体谅对方的处境和心情

这一点也是批评他人时必须注意的。如果对方的处境不好，领导和同事们都在埋怨他，他自己又陷入深深的痛悔之中，此时如果你再火上添油地批评他，就一定收不到好的效果，甚至会让对方认为你是在落井下石，不通人情，从而破坏了双方的关系。其实，这时对方最需要的是劝慰和鼓励，而不是批评。

5. 批评时要考虑环境条件

选择什么时间、场合来批评他人，这是你在进行批评之前所要考虑的一个重要问题。这个问题同样会影响你批评的效果，还会影响到你在别人心目中所留下的印象。如果一位老板常常当着同事的面批评他的秘书，那他的秘书就难免感到羞辱窘迫，甚至产生不满和愤怒。事后这位秘书想到的主要是同事们对他的看法，而很少考虑老板批评的内容，如此一来老板的批评不但收不到好的效果，反而挫伤了秘书的自尊心，影响了双方的关系。

6. 批评别人时最好也批评自己

批评他人时，可以先讲或相应地讲讲自己的不足和过失，这能够给被批评者创造一个愿意接受批评的心理状态。经验证明，听别人教训自己总是不舒服的。但是，如果批评者也谦逊地表明自己并非完人，也有许多缺点，犯过不少错误，或者说“你们身上的缺点我也存在，你们犯的错误我也犯过”，那么彼此之间的心理距离就会缩短。有一位名作家到一所女子大学演讲时，说：“现在的年轻女孩，顶多只看一些女性周刊，几乎不看有水准的书。”结果引起全体女听众罢听，弄得这位作家十分难堪。究其原因，就在于这位作家没有采取上述这种谦虚的说法，只是一味说对方不对，而不适当作些自我批评，必然招致反感。

7. 可以寓批评于褒扬之中

在批评劝说中，适当地褒扬对方，肯定其成绩和优点，有助于对方克服被批评时产生的情绪障碍。心理学研究表明，褒奖能引起愉快的情感，愉快的情感易使人的理智占上风，能理解和接受正确的道理。而反感、抵触乃至强烈的对抗情绪，易使人变得不理智，出现心跳加快、头脑发热、思绪紊乱等一系列生理和心理变化，并以固执己见来排斥批评意见，从而形成情绪障碍。一般而言，赞扬容易满足人皆有之的自尊心，寓批评于赞扬之中，就如在苦口的“良药”之外裹上了一层糖衣，从而使被批评者顺利地接受他人的批评。

（三）避免受骗的原则

社会上总会有一些骗子。在现在改革开放、大力进行经济建设的时期，由于思想道德教育没有跟上，政治经济体制还不完善，一些人升官发财的欲望太强，故骗人及被骗的现象时有发生。因此，我们在与人交往时不得不提高警惕，尽量避免受骗上当。要想不被人欺骗，必须牢记和掌握下列原则。

1. 发财升官的欲望不可太强

发财欲望太强的人容易受骗。在社会生活中，你如果贪财，则时时、处处、事事都有被骗的可能。看起来越轻易办到的事，越轻易可得的东西，则越可能是圈套、是陷阱。俗话说，“哪有天上掉馅饼的好事”。中国还有一句成语，叫做“螳螂捕蝉，黄雀在后”。这些话应该成为人们牢记的警言。贪财和受骗是一对孪生兄弟，贪财之心愈大，则受骗的可能性也愈大。一些人之所以上当受骗，正是因为财迷心窍。

官欲太强的人也容易受骗。对官位头衔异常热衷的人，往往容易受升迁、晋级的话题所欺骗。这里举一个例子。为了派人到一个没有人愿意去的营业所工作，上司鼓起如簧之舌，向一位科员说：“以你的表现，也该当科长了，到××营业所去怎么样？以科长头衔赴任，在那里积累一些经验，然后再调你回总公司……”其实，上司根本就没有调他回总公司的打算，但说得倒象真的。这位科员因为太看重“科长”头衔，便一口答应，还千恩万谢上司的提拔，赴任后更是兢兢业业地工作。后来才发觉，原来是一场骗局。这个科员之所以没有怀疑上司许诺的真实性，就是因为官欲太强。

2. 同情心和自尊心不可太强

同情心太强的人容易受到令人同情的言行的欺骗。社会上以装出一副可怜相、编造出令人怜悯的话语或事件来行骗的人不少，这些人就是利用人们的恻隐之心行骗。如果你同情心太强，就往往受骗。对于同情心太强的人，为了避免受骗，必须养成一个习惯，即看到或听到足以引起同情的人和事时，在付出同情之前，务必判明其真伪。

自尊心强的人也容易受骗。这类人的弱点就是容易被吹捧、奉承的话所欺骗，尤其是对方使用“是你我才……”“这个秘密我就只告诉你……”等的话语时，他就极有可能在判明实情之前，便轻信对方，陷入对方的陷阱。有这类弱点的人，一定要对类似话语提高警惕。

3. 不可太富豪侠气概

富于豪侠气概的人，由于抱有打抱不平、见义勇为的心理，很容易“被强者欺侮”“被歹人侮辱”等话题所欺骗。歹徒装出一副极可怜的模样，又捏造一些故事，富于豪侠气概的人就容易受其谎言欺骗，为其挺身而出。为了不被人所骗，在义愤填膺和行动之前，必须先弄清楚事情的真相。

4. 不要轻信他人

俗话说：“害人之心不可有，防人之心不可无。”有些人之所以轻信他人的话，正是由于缺少“防人之心”。一些天真的人往往把他人都看成好人，不提防他人会骗自己。轻信，就是不作考察分析，不调查研究，听他人说什么就信什么。古今中外，因为轻信，不知给多少人、多少家庭乃至民族和国家带来痛苦和灾难。英国有这样的谚语：“轻信是欺骗之母。”如果一个人对他人过于信任，就往往容易受骗。

5. 不能听信甜言蜜语

喜欢听甜言蜜语大概是多数人的通病。普天之下能“闻过则喜”的并不很多，而听到“顺耳之言”欣喜大悦的人却不在少数。这种心理状态就给用甜言蜜语来行骗的人开了方便之门。要知道，甜言蜜语大都有不同程度的欺骗性，口中吐蜜的人腹中往往藏有利剑。自古以来，喜欢别人吹捧、奉承自己的人往往受骗上当，听信甜言蜜语的人多数受害，历史和现实的教训不可不察。

（四）对待无端冲撞者的办法

古往今来，都存在一些仗势欺人、无端羞辱和冲撞他人的人。如果碰上了这样的人，应该怎么办呢？可以有两种办法应对：一是不与其计较，忍辱退让；二是针锋相对，巧妙回击。

1. 不与其计较，忍辱退让

如果对方是蛮横粗野、不可理喻之人，或是仗势欺人、寻衅滋事之徒，则一般应不与其计较，忍辱退让。人们所说的“好汉不吃眼前亏”“君子不与牛斗力”“君子不与小人计较”等，即属于此种态度和办法。例如，赫赫有名的汉初三杰之一的韩信，就曾经采取了这种态度和方法，面对一群欺侮他的无赖、歹徒，为了将来一展自己的雄才大略，干出一番大事业，韩信不与他们计较，强压心头怒火，忍受“胯下之辱”。

2. 针锋相对，巧妙回击

针锋相对的特点是：反击者并不纠缠于对方的不良动机，而是接过对方的话头，抓住对方言语的要害，着力运用精辟、准确、内涵丰富的词语，借以回击之。从字面上看，这些词语轻描淡写，仔细琢磨却“话中有话”，暗藏着“匕首投枪”，对方一旦领悟，已是猝不及防，只能败北。例如：

苏联首任外交部长莫洛托夫是一位贵族出身的外交家。在一次联合国大会上，英国工党一位外交官员向他发难，说：“你是贵族出身，我家祖辈是矿工，我们两个究竟谁能代表工人阶级呢？”莫洛托夫面对挑衅，不慌不忙地说：“对的。不过，我们两个都当了叛徒。”对方被驳得哑口无言。在这里，莫洛托夫的高明之处在于，他并不与对方在词句上纠缠，而是抓住实质问题，指出了各自都背叛了原来的阶级这一要害，画龙点睛，一语中的，使对方搬起石头砸了自己的脚。

诗人歌德到公园散步，不巧在一条仅容一人通过的小径上碰见一位对他抱有成见的批评家。批评家傲慢地说："我决不给一个傻瓜让路。"歌德面对污辱，微微一笑道："我正好和你相反。"说罢往路边一站。霎时，那位批评家的脸变得通红，进退不得。这里，批评家的言行显然是失礼的，粗野的。然而，诗人既没有以谩骂来还击，也不想吃哑巴亏，而是接过对方的话，以礼貌的方式，给予巧妙回击，既教训了对方，维护了自己的尊严，又体现了高雅的风度，真是一举两得，令人叫绝。

有一天，一位年轻学者对犹太诗人海涅说："你知道在塔希提岛最引起我注意的是什么？在那岛上，既没有犹太人，又没有驴子！"海涅听了，冷静地答道："不过，这种状况是可以改变的。要是我俩一起去那儿，那时，就会有所改变了。"年轻学者被驳得面红耳赤，无言以对。在这里，海涅用请君入瓮的方法，使自己从对方制造的窘境中摆脱出来，而将对方置于其中，让他自食其果，作茧自缚。

（五）"跳槽"的原则

在计划经济时期，人们的工作单位大都是由政府和主管部门安排的，很少有自由选择或调动的机会。在改革开放、进行市场经济建设的现时代，自由选择职业和单位则是较普遍的现象，如大学生就业的"双向选择"、自主调换单位（即所谓的"跳槽"）等。辞职或"跳槽"，一般应坚持如下原则：

1. 要慎重考虑，不可轻率

做出辞职的决定之前，要冷静地分析一下辞职的理由是否正当充分，所要去的新公司或单位是否更有利于施展自己的才能，只有找到了这些问题的明确答案之后才做出最终决定。如果贸然行事，就会造成难以收拾的后果。

2. 对要去的公司或单位应进行准确的评估

对自己打算去的公司或单位要花时间仔细了解其各方面的情况，直到你认为都能接受为止。具体做法是：与公司或单位的负责人和一般工作人员见见面，亲耳听听，亲眼看看，亲身感受一下。还要尽可能地听听因故辞职或被调离的人员的看法，然后把各种意见综合起来加以分析研究，最终得出一个比较客观公正的看法。

3. 不可频繁调换工作单位

“跳槽”是为了换一个更理想、更有利于自己进步、发展的工作单位。如果对现任工作和单位动辄生厌，不停地调换，就难以达到“跳槽”所要达到的目的。因为在一个公司或单位，要干出一定的成绩，是需要较长时间的。而且，调换工作过多的人，人们就会认为他是一个“对工作不专一的人”，这种人一般是不受欢迎的。倘若不被重用或自己的才智没有得到很好的发挥，其原因是在自己，如工作不认真负责或人际关系不好等，而不在公司或单位，则首要的不是考虑调换工作，而应该是从改变自我做起。

4. 不要以失败者身份“跳槽”

交辞职报告时，如果领导再三挽留，这时的“跳槽”是可行的。反之，如果领导毫不在乎，说：“好吧，请便!”那么，这时一般就不能考虑“跳槽”，或至少暂时不能“跳槽”。当然，如果你确有真才实学，工作又认真踏实，也干出了众所周知的业绩，而只是因为你得罪过的上司故意压制而无法取得进步，那还是应该“跳槽”的。

5. 不应给原单位带来麻烦

某公司有一位总监，自己提出引进自动化仓库的方案，工程开始了，并且好不容易粗具规模，可他偏在这节骨眼上辞职走人了。结果，此事不仅在原公司引起巨大的震动，而且传来传去，传到了他新去的那家公司，大大影响了他自己的声誉。因此，在决定辞职时，一定不要给原单位带来不良影响，而要认真做好衔接工作，估算好时间再走。这样做，最终对自己也会有好处。另外，辞职“跳槽”，还要切记不要带走原公司的保密材料和其他关系到原公司发展的机密，以免引起法律纠纷。

（六）被解雇时的应对措施

人们最担心的是失去工作。解雇、解职、裁员、下岗、提前退休等，不但使人失去固定的收入，而且严重挫伤人的自尊心和自信心。但是，在当今市场经济条件下，这种事情的发生又是不可避免的。倘若这种倒霉的事落到自己的头上应该怎么办呢？

首先，要弄清楚被解雇的原因。一般来说，被解雇的原因有下列几点：①能力太差，不能胜任工作。②工作不认真负责，经常违规违纪。③能力太强，威信过高，以至威胁到有权解雇你的人。④个性太强，过于正直，得罪了当权者。⑤不诚实，说谎，欺骗或偷窃。⑥碰上公司合并或被收购，新的领导重新组织人马。如果你被解雇或下岗，就要认真分析一下其中的原因，倘若是自己方面的原因，则要认真总结教训，“吃一堑，长一智”。

其次，要维护自己的形象，适当地问一些善后问题。当解雇你的上司找你谈话，你应该努力倾听，不要生气，要抱着“此地不留人，自有留人处”的强者心态。假如解雇你是最后的决定，不要试图求人改变其决定，因为这是白费口舌，而且有损自己的尊严。不过，待对方说完后，可以心态平和地问一问需要弄清楚的问题，比如要求你停止工作的确切日期，需要你做哪些善后工作，打算给你提供些什么保障等。

最后，不要告诉对方你的真实看法。对于解雇你的上司或解雇你的决定的看法，不要表露出来。如果你当时一气之下，说出“你是我最糟糕的上司，我对你从未有过好感”之类的话，也许你当时觉得很舒服，但从长远看可能是不利的，会断了自己的后路。“山不转水转”，也许将来的某一天，这位今天解雇你的人，会重新聘用你。

四、几种重要的人际关系的处理

（一）处理师生关系的原则和技巧

中国素来有尊师重教、敬德爱贤的优良传统。人们都知道“一日为师，终生为父”的格言和道理，尊师重教成为中华民族传统美德。在进行社会主义现代化建设、实施科教兴国战略的今天，继承和发扬中华民族这一传统美德，正确处理师生关系，具有十分重要的意义。那么，应该如何处理师生关系呢？

作为老师来讲，首先，要尊重学生，平等地对待学生；以学生为本，热爱学生，关怀学生。其次，全面地耐心细致地教导学生，使学生在德、智、体、美等诸方面都得到发展，成为社会主义事业的建设者和接班人。最后，要虚心听取学生的意见，接受学生的监督，鼓励学生创造性地学习，注重培养学生的创新精神和创新能力。总之，要成为学生的表率和良师益友。

作为学生，首先，要尊敬老师，虚心向老师求教。不仅在行为上尊敬老师，更重要的是尊重老师的劳动，认真刻苦地学习，不辜负老师的教导和期望。其次，要勤于思考，勇于探究，敢于提出问题。尊重老师并不意味着对老师盲目服从，一味地听从老师的话，而应该敢于和善于提出问题和自己的看法，同老师商量、切磋，以达到教学相长。也只有这样，才有利于培养自己的创造精神和创新能力。最后，参加工作后，不要忘记老师的教导之恩，要像不忘父母的养育之恩一样。如有条件和机会，不时地看望老师，关心照顾老师，帮助老师解决需要解决的问题。毛泽东是正确处理与老师关系的楷模，很值得后人学习。

毛泽东对待老师，首先是潜心求教。毛泽东才华横溢，知识渊博，这除了他热爱读书、学习之外，还在于他潜心拜师求教，质难问疑。对于在校的老师，他专心致志地接受他们的教导。如在湖南省立中学时，他专心向校长符定一学习古典文学、历史、伦理学方面的知识，得到符校长的精心培养。符校长见他喜欢阅读课外书籍，便将一部《御批通鉴辑览》(上自远古下至明代的中国历代编年史）借给他看。他如获至宝，天天阅读此书，许多章节背得滚瓜烂熟，以至到老不忘。在湖南省立第一师范学校学习期间，毛泽东潜心向杨昌济、徐特立、袁仲谦、王季范等许多老师求教，得到他们的指点。他学习非常认真刻苦，并勤于思考。他对老师的课堂讲授，都认认真真地记录。现在仍保存完整的《讲堂录》，就是他当时的一本听课笔记。毛泽东还经常到老师家中拜访求教，他到过许多老师的家中，去得最多的是杨昌济先生的家，在“一师”所有教导过他的老师中，他受杨昌济先生影响最大。

毛泽东不仅向在校的老师专心求教，还向他所知道的校外老师请教。他十几岁辍学在家时，就拜从外地回韶山的维新派老师李漱清先生为师，经常向李先生求教，了解时局，与之讨论问题，许多疑惑在李先生那里得到了点化。在“一师”期间，经杨昌济先生介绍，毛泽东还与北京、上海、武汉等地的一些名人、老师建立通信联系，向他们求教。在北大图书馆期间，他拜李大钊为师，从李大钊那里受到了初步的马克思主义教育和影响。

毛泽东不仅潜心拜师求教，而且真心尊师敬老。无论在学生时代还是身居党和国家主要领导人地位后，毛泽东始终如一，尊敬教育和引导过自己的师长，始终不忘老师的教导之恩。徐特立是毛泽东在“一师”求学时的老师，毛泽东对他非常敬重。1937 年 1 月，徐特立 60 岁生日，毛泽东特地亲笔写信祝贺，并说：“你是我 20 年前的先生，你现在仍然是我的先生，你将来必定还是我的先生。”1950 年初，毛泽东尽管政务繁忙，仍特地电邀身在南方的徐特立去北京会晤。徐老到中南海后，毛泽东专门备了几样家乡菜为老师接风洗尘。上桌时，徐老对毛泽东说：“您是全国人民的主席，应该坐上席。”毛泽东马上说：“您是主席的老师，更应该坐上席。”毛泽东硬是扶着请徐老坐了上席。见徐老穿着还是当年那样简朴，他便将自己的一件呢子大衣送给徐老，说是以表学子之心。

1959 年毛泽东回韶山时，特地用自己的稿费备餐，邀请自己幼年时期的老师毛宇居老人等一起吃饭。席间，毛泽东向他们一一敬酒。当敬到毛宇居时，毛宇居立即起身说：“主席敬酒，岂敢岂敢！”毛泽东即席对答：“敬老尊贤，应该应该！”

（二）处理领导关系的原则和技巧

任何一个已入职工作的人，都存在着处理与领导（上司）关系的问题。这一关系处理得好不好，对一个人的进步和发展影响甚大，因此，我们必须高度重视这一关系，正确处理好这一关系。

首先，要正确对待领导（上司）及其交办的任务。一方面要充分认识领导工作的必要性和重要性，要知道领导者和被领导者是辩证统一、相辅相成的，领导者和被领导者只是分工的不同，因而应尊重领导者，自觉维护领导者的威信，领导者交办的任务应尽力完成。要尽量避免产生与领导者对立和抵触的情绪。另一方面，也不能不分青红皂白一味盲从，如果发现领导者的意见有不妥之处，应采取恰当的方法予以解释说明，使其意见更加正确完善。领导者有缺点和错误时，要友善地予以指出，帮助其改正，但一定要讲究方法，使其心悦诚服，最终达到加深感请、视自己为知己的目的。

其次，在一定时间内如果不被领导者（上司）信任重视，也不必消极悲观，而应以乐观积极的态度分析原因，寻找对策，改变处境。现实生活中常常有这种情况，在同一个单位工作，水平较高、能力较强、工作时间长的人不被领导重视和信任，较长时间政治上没有什么进步；而水平低、能力差、工作时间短的人反而提干了，升官了。面对这种情况，你要么另找单位，另寻出路；要么就以积极乐观的心态分析原因，包括自身方面的原因、领导方面的原因和同事方面的原因，从而采取相应的对策改变现状，决不能悲观失望，消极沉沦。

再次，在受到冤枉、遭受打击时泰然处之，乃至将其看成考验和锻炼自己的机会。人的一生难免有被领导（上司）误会甚至遭到打击的时候，在这种情况下，也不要消极沉沦，而是挺直腰杆泰然以对。要相信误会终究是误会，总有一天会真相大白，真理终归是真理，邪终究不能压正。还要将打击看成磨练自己的意志和毅力的良机，将其化为促使自己奋发有为的动力。毛泽东曾对身边的工作人员说过："中国有两部大书，一曰《史记》，一曰《资治通鉴》，都是有才气的人在政治上不得意的境遇中编写的。看来人受点打击，遇点困难，未尝不是好事。当然这是指那些有才气，又有志向的人说的。没有这两条，打击一来，不是消沉，便是胡来，甚至自杀，那便是另当别论。”① 毛泽东的这一观点，不仅为无数历史事实所证实，更为他自己和邓小平等无产阶级革命家的经历所证实。

毛泽东在他一生的大部分时间里都处于全党的最高地位，面临的是如何处理与下级关系的问题。但他也有处于下级地位的时候，即第一次国内革命战争时期和第二次国内革命战争的前期和中期，在这段时期，他也面临着处理与上级关系的问题。他处理与上级的关系，有许多独到之处，值得我们学习和借鉴。

首先，他灵活和创造性地对待上级的指示和交办的任务。毛泽东对上级尊重、服从，但不盲从、绝对，而是具有灵活性和创造性。上级的正确指示，他认真贯彻执行，上级交给的正确任务，他尽心尽力并创造性地完成。如大革命时期筹建和领导中共湘区委员会的工作、发动和领导湖南工人运动和农民运动的工作、中共中央局秘书工作、中央农民运动讲习所的工作等；土地革命前期，发动和领导湘赣边秋收起义的工作、开辟和创建中央革命根据地工作等，都是竭尽全力创造性地去完成的。同时，对于上级的错误，他也敢于和非常负责地提出批评，如对陈独秀的右倾错误，李立三和王明的“左”倾错误等，他不因自己的正确意见和主张遭上级的反对或拒绝而放弃。如 1927 年他领导湘赣边秋收起义过程中，当各路起义军均遭到挫折，已根本无力攻打长沙，而当时的中央仍要求率余部进攻长沙时，他没有盲目服从，而是毅然决定，放弃攻打长沙的计划，将部队带到敌人力量薄弱的罗霄山脉中段。虽然因此他遭到了撤销中央政治局候补委员的处分，但他毫不后悔，因为他坚信他的决策和行动是正

① 王纯：《毛泽东点评中国古典文献：反对唐僧，力赞孙悟空》，《光明日报》2009 年 9 月 8 日。

确的。

其次，遭到上级的错误批评和打击时，他顾全大局，忍辱负重。在遭到上级错误处理和打击时，毛泽东能顾全大局，忍辱负重，严格按照党性原则和组织原则办事。在党内“左”倾路线占统治地位时期，毛泽东受过10多次处分，他都能正确对待。王明“左”倾路线领导人撤销过毛泽东在党和红军的职务，对他进行“残酷斗争，无情打击”，但他没有因此对党不满，躺下不干，而是忍辱负重，并且利用一切机会积极向党提建议，尽力减少损失，挽救危局。例如：1933年至1934年第五次反“围剿”期间，毛泽东在党内、军内的职务都被中央撤销了，但他仍然心系战局。1933年1月，国民党十九路军发动福建事变，公开宣布反蒋抗日，并与红军达成了反蒋抗日协议。毛泽东积极建议，利用蒋介石抽调军队去福建的机会，以红军主力突破敌人堡垒，进入以浙江为中心的苏浙皖赣地区，迫使敌人回援其工作重地，粉碎其向江西的进攻。倘若听从毛泽东的这一建议，红军是完全有可能取得第五次反“围剿”的胜利的。遗憾的是，这一建议却遭到了李德、博古的拒绝。1934年9月，第五次反“围剿”处于十分危急的时刻，毛泽东又提出红军主力向湖南中部前进，调动江西之敌至湖南，然后待机消灭敌人的正确主张，但是再次被“左”倾领导者拒绝。这样，打破第五次反“围剿”的希望就最后断绝了。长征开始后，1934年11月中旬，红军冲出四道封锁线，兵力锐减到3万多人。蒋介石纠集40万兵力，拦截中央红军与湘鄂川黔的红二、六兵团会合。李德、博古无视战争形势的变化，继续主张硬打死拼，把希望完全寄托在中央红军与二、六军团的会合上，若照他们的意见办，红军就有全军覆灭的危险。在这危急关头，毛泽东力主放弃与红二、六军团会合的计划，改向敌人力量薄弱的贵州前进。这一主张得到政治局大多数同志的赞成。红军遂在占领湘西通道县城后即向贵州进军，从而避免了红军全军覆没的危险。

最后，把打击看成考验和锻炼自己的机会。更难能可贵的是，毛泽东在受到排挤、打击时，不但不怨天尤人，反而把这种打击作为考验和锻炼自己的机会。他认为历史上有所作为的人，不少是受过打击的。屈原因被放逐而作《离骚》，孙膑因受膑刑而修《孙膑兵法》，司马迁遭受宫刑而写成《史记》，司马光在政治不得意的境遇中编写了《资治通鉴》……他因此得出结论说："看来人受点打击，遇点困难，未尝不是好事。"①

（三）处理下级关系的原则和技巧

一个人参加工作之后，如果担任了一定的领导职务，就要面临处理与下级（下属）关系的问题。这是关系到他领导工作的成败，关系到他所领导的地区或单位发展前途的大问题。如果这种关系处理好了，就能得到下级（下属）的衷心拥护和支持，下级（下属）就会充分发挥其才智能力，为他所领导的事业努力工作。要处理好与下级（下属）的关系，主要应做到下列几点。

1. 信任尊重，平等相待

尊重信任下级（下属），平等地对待他们，这是处理好与下级（下属）关系，调动他们的积极性、主动性，充分发挥他们作用的前提。因为领导者（上司）处于领导地位，握有一定权力，下级（下属）对他们往往有一种敬畏感。在这种敬畏感的支配下，下级（下属）对上级（上司）的指示和交办的任务，往往会从理智和感情两个方面去体会和接受。如果上级（上司）不信任和不尊重下级（下

---

① 王纯：《毛泽东点评中国古典文献：反对唐僧，力赞孙悟空》，《光明日报》2009年9月8日。

属），不能给下级（下属）一种平等感、亲近感，甚至盛气凌人，强迫命令，就会大大影响下级（下属）对上级（上司）指示和交办任务的理解和完成，甚至得到事与愿违的后果。

毛泽东处理与下级关系的一个突出特点，就是尊重信任下级，平等地对待下级，在下级面前不摆架子，平易近人。他认为，尊重别人是个原则问题，只有尊重别人，才能团结别人。他历来主张革命队伍中的上下级关系是新型的同志式的平等合作关系。上下级之间，只有职务、分工的不同，而无高低贵贱之分，必须相互尊重。他自己则是率先垂范。例如：1947 年 8 月，在转战陕北期间，组织上决定派原来在周恩来身边做勤务员的李银桥给毛泽东当卫士。李银桥因有些顾虑而不愿去当毛泽东的卫士，并将他的这种想法向组织讲了。毛泽东听后不但没有生气，反而表示，我就要李银桥。当李银桥来到毛泽东身边后，毛泽东详细了解他不愿做自己的卫士的原因，恳切地征求李银桥的意见，并说："你不想来，但我的工作需要你，得有个妥协。"李银桥说："那就只好我妥协了。"毛泽东接着说："不不，不能太委屈你了，我们双方都做些妥协。你到我这里来，只是分工不同，都是为人民服务。你为我服务也是间接为人民服务。当我的卫士，地位是够高的，但职务太低，我给你要个长，做卫士组的组长。"说着，他还做了个手势："来，我们定个君子协定。你帮我半年忙，算是借用，你看行不行?"作为中国共产党的领袖，如此尊重下级的人格和要求，设身处地为下级着想，李银桥万分感动，无话可说。后来，毛泽东又两次与李银桥续订"君子协定"。李银桥深深地被毛泽东的魅力和人格所吸引、所征服，决定护卫毛泽东一辈子。1953 年李银桥担任了毛泽东的卫士长，直到 1962 年，为了培养接班人，也为李银桥着想，毛泽东才忍痛割爱，下决心让他离开，派他到天津工作。

2. 一视同仁，赏罚分明

有这样一种人，为了升官发财，谋取私利，对下级画圈画线，拉帮结派，排除异己。这类人也可能得势于一时，但最终是没有好结果的，用毛泽东的话说，就是“十个就有十个要失败”。与这类人相反，正确处理与下级（下属）的关系，应该是出于公心，对下级（下属）一视同仁，一样给予充分的信任、尊重及关心爱护，唯德唯才是用，不夹杂个人感情，更不有意培养个人感情。只搞“五湖四海”，不拉“山头”，不搞宗派主义、小团体主义。还要赏罚分明，不徇私情，有功则奖，有过则罚。只有这样，才能使下级（下属）团结一致，各展其能。毛泽东在处理与下级关系时就是坚持上述原则的。例如：对张国焘曾经领导的红四方面军的广大指战员，其中包括一些对毛泽东认识不够而有错误看法的干部战士，毛泽东不另眼相看，而是尊重、团结他们。如许世友对张国焘分裂主义的斗争认识不足，受到组织处分，毛泽东主动关心他，特地去看望他，同他促膝谈心。毛泽东对他说：“红四方面军的干部，都是党的干部，党的宝贝。张国焘的错误，应该由他自己负责，与你们没有关系。你们打了很多仗，吃了很多苦，辛苦了。我向你们表示敬意。”毛泽东的豁达大度和亲切的话语、关心的举措，使许世友深受感动，后来许世友撰文说：“毛泽东这几句话，一下子解开了我的思想疙瘩，使我感到非常舒畅，非常温暖。”①

毛泽东作为党的领袖，他非常注意避免同某一个或几个重要的党政军负责人发展超出同志和战友关系的私人情谊。这突出地表现在他同周恩来的关系上。毛泽东与周恩来合作共事几十年，彼此信任尊

---

① 《许世友为何一生忠于毛泽东》，http://jishi.cntv.cn/20111117/100427_12.shtml。

重，心心相印，患难与共，同志和战友情谊深厚，但他从未特意地培植私人感情，从未说出超过同志和战友关系的个人感情的话。

毛泽东对待下级一视同仁，一碗水端平，还表现在他赏罚分明、不徇私情上。例如：1937 年 10 月，担任抗日军政大学第六队队长的黄克功，对陕北公学女学生刘茜逼婚未遂，开枪把刘茜打死，经陕甘宁边区高等法院审判，黄克功被判处死刑。黄克功少年参加红军，参加过井冈山的斗争和长征，是红军的一个团长，对革命作过较大的贡献，也是毛泽东的老下级。黄克功写信给毛泽东，请求免他一死。当时，也有一些人为黄克功被处死而惋惜，要求免除他的死刑，让他戴罪立功。但毛泽东指出："黄克功过去斗争历史是光荣的，今天处以极刑，我及党中央的同志都是为之惋惜的。但他犯了不可赦免的大罪，正因为黄克功不同于一个普通人，正因为他是一个多年的共产党员，是一个多年老红军，所以不能这样办。"这充分说明毛泽东非常注意从严要求下级，对下级做到赏罚分明，不论其地位多高，跟随自己多久，都坚决按法律办事。

3. 严于律己，宽以待人

在与下级（下属）相处时还要做到严于律己，宽以待人。对自己从严要求，勇于自责，不文过饰非；对下级（下属）不求全责备，要容忍他们的缺点和错误，帮助他们改正缺点和错误，以至主动地为他们的错误和失败承担责任；还要力争做到不计前嫌，以德报怨。如果能做到这样，下级（下属）就会真心实意地拥护、支持上级（上司），就会忠心耿耿、竭尽全力执行上级（上司）的指示和完成交给他们的任务。在这一点上，毛泽东也是后人学习的榜样。

毛泽东多次在下级、战士和百姓面前讲他犯有许多错误。在 1945 年党的"七大"上，他说他在 20 多年的工作中，无论在军事上、政治上、党务工作方面，都犯了许多错误。毛泽东还不止一次在中央会议上申明："凡是中央犯的错误，直接的归我负责，间接的我也有份，因为我是中央主席。"①

毛泽东在处理与下级关系时，就是这样以无产阶级革命家的博大胸怀和海纳百川的度量，厚待下级，不苛求下级，允许下级犯错误，甚至主动为下级承担责任；而对待自己则严格要求，勇于自责，向下级公开承认自己的错误，检讨自己的错误，甚至向下级公开赔礼道歉。这正是他赢得下级衷心爱戴、成为众望所归的领袖的原因之一。他的这种品质和做法，无疑是值得人们特别是领导干部学习的。

4. 言传身教，关心爱护

作为领导者（上司），要处理好与下级（下属）的关系，赢得下级（下属）的拥护和支持，还要注意言传身教，关心爱护下级（下属）。

所谓"言传"，就是向下级（下属）提出要求和交办任务时，要讲明道理，使下级（下属）明白事理，提高觉悟，积极主动地做该做的事，以主人翁的姿态创造性地完成任务。所谓"身教"，就是以身作则，以自己的模范行动去影响、感染和带动下级（下属），使他们自觉地与上级（上司）保持一致。人们常说，榜样的力量是无穷的。领导者的带头作用，具有强大的说服力和吸引力，是无声的命令，对下级有极大的号召和激励作用。领导者如果不以身作则、身先士卒，对下级就缺乏号召力、影响力，就带不出好风气，形不成合力，也搞不好与下级的关系。俗话说"上梁不正下梁歪""喊破嗓子，不如做出样子"，说的就是这个道理。

---

① 《毛泽东文集》第八卷，人民出版社 1999 年版，第 296 页。

设身处地地关心爱护下级（下属）也是搞好与下级（下属）关系的重要而有效的方法。领导者（上司）的一举一动、一言一行，都会影响到与下级（下属）之间的情感交流，特别是当下级（下属）处于困难之时，如家遇不幸，身染重病，遭受打击等，敞开温暖的胸怀，雪中送炭，更能结下上下级之间深厚的情谊，使下级（下属）无比感激，产生“受人滴水，报之涌泉”的感情，产生奋发向上的工作激情。

在这方面，毛泽东也堪称后人的榜样。毛泽东一生中，不论是在革命战争年代，还是在中华人民共和国成立之后；不论是在工作、生活方面，还是在遵纪守法、执行政策方面，他都能以身作则，从我做起。如在延安大生产运动中他带头开荒种地；将自己的家庭划为富农；抗美援朝时送毛岸英上前线；三年困难时期带头不吃猪肉，与老百姓保持一致，共渡难关，等等。对于下级，毛泽东十分关心爱护，不管是对与他并肩战斗的党政军领导人，还是对在他身边工作的卫士和服务人员，都是如此。他关心他们的身体健康，督促他们治病、休息；帮助他们解决生活困难，解除他们的思想顾虑；帮助他们学习，鼓励他们不断进步，甚至亲自当“红娘”，为他们中的一些人解决婚姻大事。

5. 放手放心，虚怀纳言

要搞好与下级（下属）的关系，充分发挥他们的主动性和积极性，除以上讲的四个方面外，还要做到对他们放手放心，虚心听取他们的意见。

人们常说，“用人不疑，疑人不用”，“你对别人不放心，别人对你就不实心”。也就是说，你要用那个人，就要相信那个人，就不要怀疑他；既然怀疑他，不相信他，那就不要任用他。你对别人不放心，别人对你也就不会真心实意。信任下级（下属），放手放心地让下级（下属）大胆主动地开展工作，独当一面地处理该处理的问题，这是每个高明的领导者处理与下级关系时所坚持的一个原则。如果领导者（上司）总觉得让下级（下属）独立工作不放心，因而不放手放权，事无巨细，样样都要过问，结果就会使下级（下属）职责不明，办事缩手缩脚，既挫伤了他们的工作主动性、积极性和创造性，又造成了他们的依赖心理，还会使有才干的下级（下属）对上级（上司）产生不满情绪，导致上级（上司）与下级（下属）之间关系紧张。

同时，作为领导者（上司）还要虚心纳言，善于听取下级（下属）的意见。一个人的知识、能力总是有限的，一个人的看法总难免有偏见和不够全面之处，只有好好同别人商量，特别是和有不同意见的人商量，才能集思广益，得出更全面正确的意见。俗话说“三个臭皮匠，顶个诸葛亮”，讲的就是这个道理。

毛泽东历来反对保姆式的领导方法，主张让下级放手工作，使他们敢于负责，发挥其主动性、积极性和创造性。在实际工作中，毛泽东非常尊重下级的职权，在一般情况下，对于下级职权范围内的事，不随便干预，而是让他们充分发挥自己的才能，行使自己的职权。他鼓励下级勇于负责，大胆开拓创新。他还虚心听取下级的意见和建议。他常说，不愿听取不同意见，喜欢自己说了算的人是蠢人。因此，他非常注意调查研究，征求和听取各方面的意见，从中吸取智慧和营养，使各项事务得到顺利解决。

（四）处理同学、同事关系的艺术

当今时代，大部分人都要经历在学校读书和在单位工作这两大阶段。在校读书期间，除了与老师打交道外，还要与同学打交道；在单位工作期间，除了与领导（上司）交往外，还要与同事交往。因此，正确处理好同学、同事关系，是每个人必须面对的问题。这里首先谈谈如何正确处理同学关系的问题。

在学校读书期间，我们既要处理好与老师的关系，也要处理好与同学的关系。同学关系，对于在校学生而言，是非常重要的关系，这种关系的好坏也直接影响自己在学校里的进步。与同学关系和睦友好，学习、生活等各方面就能得到同学们的帮助，学习上就会更顺心顺手，思想政治方面就会进步更快，生活上也会欢心快乐。

要建立良好的同学关系，应该做到以下几点：第一，同学之间要真诚相待，互相信任和尊重。第二，要有见苦见累就上、见荣誉和利益就让的精神，即受累的事、公共的事多干一些，在荣誉和利益面前退让一步，不斤斤计较。第三，谦虚谨慎，不出风头，不好表现，多看同学的优点长处，容忍他们的缺点和短处。第四，学习上既要独立钻研又善于借鉴同学的经验，同时也乐意帮助同学。第五，生活和身体方面关心照顾同学，热情大方，善待同学。第六，如果与同学发生矛盾，应多作自我批评，用谈心的方法来解决矛盾。

下面再谈谈怎样正确处理与同事的关系问题。人们在参加工作后，在工作单位除了要处理好同领导（上司）的关系外，还要处理好与同事的关系。同事关系处理得好不好，也直接影响自己在工作单位里的进步和发展。与同事的关系融洽友好，工作等各方面就能得到同事们的支持和帮助，就容易取得较大成绩，大家就会为你捧场，你的进步就会更快更大。那么，怎样才能处理好与同事的关系，成为受他们欢迎、赞赏的好职员呢？

1. 要严格遵守公司的规章制度

公司制定的规章制度是维护公司正常工作秩序、促进公司发展的重要手段，作为公司的职员必须自觉遵守。例如，工作时间不迟到，不早退，这是每个公司对员工的基本要求。如果你不按时上班或提前下班，即使是一两次，也给人不好的印象。要给同事们一个良好印象，就不能迟到和早退，最好还要做到提前上班，推迟下班。

2. 既要认真做好本职工作，又要有协作精神

在工作方面，一定要认真踏实地做好本职工作，保质保量地完成上司交给的任务，要有不怕苦不怕累的精神，同时要有协作精神，不分分内分外，乐于帮助同事。同事的工作再忙、再急，也不问不管，认为和自己无关，这是不对的。正确的态度是，只要自己有时间，能做同事所做的事，就应该协助同事做。这样你就会给同事工作认真负责、有全局观念、乐于助人的好印象。

3. 要胸怀大度，谦虚热情，不计较个人得失

与同事相处，要胸怀宽广，热情大方，严于律己，宽以待人。在名利面前退让一步，不与同事争名利；不要总是认为自己不错而别人不行，同事有做不到的地方要容忍谅解，要多看同事的优点、成绩，并虚心向他们学习。还要热情关心同事的生活、身体，他们有什么困难要给予力所能及的帮助。不要每做一件事都盘算其得失，不要怕吃亏上当，要相信同事们都是通情达理的，不会总让某个同事吃亏。退一步讲，在一些小事上吃点亏，却赢得了同事们对你的好评，“吃小亏占大便宜“，又有什么不好呢？

4. 要守信和保密

作为一个职员，为了在同事中树立良好信誉，必须诚实守信，说到做到。不轻易向同事承诺，一旦承诺了，无论多困难，都要去践

行，绝不能失信于同事。

另外，对职员来讲，不仅有同事间个人的秘密，还有单位的秘密，对于这些秘密都有保守的义务。任何单位，其技术、财务、客户、人事等，都不宜对外公开。这些秘密，单位里的任何一员，都有保密的责任。对于不能守密的职员，单位当然不可能委以重任。

5. 遇到对己不公之事，不要牢骚满腹

可以说，任何人都会碰到对自己不公不平之事。如果为此心里不满，到处发牢骚，就会给自己带来不利的影响。比如，倘若你觉得某位同事工作怠惰，但会拍马屁，而使领导对他另眼相看，于是对那位同事甚至对上级也不满起来，最后你就会不满意自己的工作单位，从而影响自己的进步。相反，如若碰到了这种事，不是牢骚满腹，而是将不平、不满化为促使自己努力向上的动力，那你就会取得更快更大的进步。

6. 不要参与流言蜚语的传播

在一些或大或小的公司里，一个经常性的问题是流言蜚语的不断出笼。如果自己的单位也有这种现象，应该怎么办呢？回答是坚持如下原则：无论如何都不要让自己介入流言蜚语的传播中。当有人向你散布一些流言时你就婉转地告诉他，此举除了使道德沦丧外，我们不可能从这些闲言碎语中得到什么。当另一个人希图从你那里印证一些流言时，你应正告他不要再传播这些流言，然后再查实一下这流言背后是否存在一些实情。如果你发现某种流言属实，你要让领导知道，并提请他设法尽快制止流言的继续传播。

第八章　恋爱择偶，结婚成家

谈恋爱择偶，或者说谈朋友、找对象，结婚成家，这是每个正常人必须完成的一件大事，也就是中国老百姓所说的“终身大事”。“男大当婚，女大当嫁”，这是天经地义的。从大的方面说，结婚成家，是人类得以延续和发展的前提；从小的方面讲，是人生完美和幸福的必要条件。如果把一个人比做半个球的话，那么另一半就是丈夫或妻子；只有在寻到了适合自己的另一半时，人生才是完美的。正如马克思所说：要想美好地度过一生，就只有两个人结合，因为半个球是无法滚动的。所以每个成年人的一个重要任务就是找到和自己相配的另一半。这就要求没有成家的青年人，一定要认真慎重地对待恋爱择偶问题，正确处理好这一问题。另外，结婚成家之后，又有一个正确处理夫妻关系等家庭内部的关系，以及由此引起的亲戚关系问题。这也是做人处世所必然面对的问题，也就是古人所说的齐家问题。这些问题处理得好不好，同样直接影响家庭幸福和事业上的成就及对祖国和人民的贡献。

要正确解决恋爱择偶、结婚成家问题，首先要明确什么是爱情，爱情的本质和属性；其次要弄清楚恋爱、爱情、婚姻的联系和区别；再次要正确认识和处理好恋爱婚姻中的几个关系，摆正爱情婚姻在人生中的位置；最后应注意恋爱择偶时应把握的标准。

一、爱情的含义、本质和属性

爱情是一个古老而常新的人生话题。爱情是文艺创作的永恒主题。神话传说牛郎与织女的故事、董永与七仙女的故事、许仙与白娘子的故事、梁山伯与祝英台的故事等世代相传，家喻户晓。唐玄宗李隆基与杨玉环的爱情故事、杨六郎（杨延昭）与柴郡主的爱情故事被编为戏剧常演不衰……人们尤其是青年男女，都对爱情衷心向往、满怀憧憬。然而，爱情究竟是什么，大多数人并不是十分清晰的。其明确的概念，就是古今中外的哲人们也都不免众说纷纭，莫衷一是。有的人说，爱情是爱神的授意；有的人说，爱情是性欲的满足；有的人说，爱情是男女双方纯粹精神的结合，等等。中国民间传说中爱情是“缘分”，“有缘千里来相会，无缘对面不相识”。这些看法都是有失偏颇的。我觉得对爱情的科学解释也要从马克思主义经典作家那里寻找答案。恩格斯认为，爱情是人们彼此间以相互倾慕为基础的关系。他指出，爱情是以男女双方的互爱为前提的，它是强烈和持久的；同时爱情中渗透着道德的评价标准。

依据恩格斯的观点，我们可以对爱情的含义和本质作如下说明：所谓爱情，是指一对男女之间相互爱慕，并渴望对方成为自己终身伴侣的最强烈、持久、稳定和专一的真挚感情。爱情是人类特有的一种崇高的情感生活，它不仅要求男女双方在思想、道德、情操上趋向一致，而且要求男女双方互相承担责任和义务。爱情的本质，就是承担责任，就是给予。正如著名教育学家苏霍姆林斯基所说：“爱情首先意味着对你的爱侣的命运、前途承担责任……爱，首先意味着献给，把自己的精神力量献给爱侣，为他（她）缔造幸福。”车尔尼雪夫斯基说：“爱一个人，这句话的意思就是为他的幸福而高兴，并且乐意做一切为他的幸福所必须做的事情。”爱情的本质在于对所爱者的奉献，而不是索取和占有。正是这无私的奉献和给予，才使爱情高尚纯洁。

爱情是人的自然属性和社会属性的统一。人到了一定的年龄，随着身体发育的成熟，自然地出现性意识的萌芽和对异性的渴求，这是人的自然属性的表现，是爱情产生的自然基础，因此爱情首先是性爱。但爱情不等于简单的性欲，它是经过社会文明净化的美好感情。爱情萌发于两性之间的情感，即对对方的相貌、体态、言行等产生一种初步的良好的感情或印象，在此基础上进一步了解到双方存在着相同或相似的人生理想、志趣爱好等，好感不断加深，进而深化为爱慕之情，感性情感上升为理性情感，于是产生爱情。可见，爱情是社会历史发展过程中产生的蜜果，爱情的产生和维系都离不开一定的社会生活和社会关系。正如恩格斯所指出的，爱情是“人们彼此间以相互倾慕为基础的关系”。也就是说，爱情既具有自然属性，又具有社会属性，而且社会属性是起决定作用的。爱情关系受一定社会的政治、经济、思想、文化及风尚习惯等因素的影响，归根到底要受一定社会的生产方式及生活方式的制约。不同的社会阶级有着不同的爱情观。爱情作为社会生活的一个侧面，客观地反映着人类文明史的发展进程。

要获取真正的爱情，首先应该了解爱情的本质和属性，树立正确的人生观和爱情婚姻观，只有这样才能得到真正的爱情，享有爱情给人生带来的幸福。例如，马克思与燕妮、孙中山与宋庆龄、鲁迅与许广平、周恩来与邓颖超、毛泽东与杨开慧、李大钊与赵纫兰、廖仲恺与何香凝（被邓颖超赞誉为“模范夫妻”）等都是因为树立了正确的人生观和爱情观，认识了爱情的本质和特性，因而获得了真正的高尚纯洁的爱情，享有爱情带来的幸福。

二、恋爱与爱情、婚姻的联系和区别

恋爱与爱情的联系和区别：恋爱与爱情并不是一回事，不能画等号，两者既有联系又有区别。恋爱是男女双方因为互相喜欢而进行的交往、交流，是从身心上全面了解对方、接受对方的过程，是建立和培育爱情的手段。而爱情则是恋爱所产生的结果，即通过恋爱这一手段和过程，产生爱情这一结果。当然，恋爱中也含有爱的成分，而且这种成分是随着恋爱过程的延续和深入而不断增多的，进而上升为理性情感。这就要求人们在谈恋爱、找对象时不能打“速决战”，而要打“持久战”。

恋爱与婚姻的联系与区别：一般来讲，恋爱是为了择偶结婚，组建家庭。一生只谈恋爱而不结婚的人在现代虽然不是完全没有，但毕竟极少，而且这种情况往往不被人们认同。然而，恋爱与婚姻又不是一回事，不能等同。恋爱的终点很多都是分手而不是结婚，现在已很少有初恋就结婚的例子，多数人一生会经历多次恋爱，如许多著名演员和歌星都是谈过多次恋爱的，其中有的人认为结果并不重要，重要的是过程，虽然这种观点不一定正确。

两者的区别可以归纳为以下几个方面：一是阶段不同，恋爱择偶是解决婚姻大事的第一阶段，即准备和创造条件的阶段，也就是相互了解、培育爱情的阶段；结婚成家是第二阶段，即完成阶段。第一阶段是第二阶段的前提和基础，第二阶段是第一阶段的结果和继续。二是约束力不同，恋爱是自由的幽会，而婚姻却是一种契约，恋爱是男女双方以相互喜欢这种感情为主的来往与交流，是个人感情关系，既无权利，也无义务。不过恋爱要讲道德，也就是要受道德的约束，但是，婚姻不仅要受伦理道德的约束，还要受法律的约束，除了情爱之外，还有财产、家务、生育等一系列问题。三是责任性不同，谈恋爱如果有一方要分手，不管对方会受到什么刺激和影响，在法律上无须承担责任。不过，从道德上讲，提出分手的一方应想方设法减轻对对方的刺激和影响。恋爱带有选择性，存在分手的可能性。婚姻则不同，婚后的家庭具有稳定性，家庭生活讲伦理、负责任、共命运，即使离婚，双方还要在财产、抚养子女等一系列问题上明确各自的权利和义务。四是社会性不同，有人说，恋爱是两个人的世界，即使与世隔绝也不会遭到责难，但是，现实情况却不可能如此，相恋的人不可能不受民族传统、社会风俗、所处环境等的制约和影响，因此恋爱同样具有社会性。例如，宋庆龄与孙中山谈恋爱就受到当时社会舆论的干扰和宋庆龄父亲的反对。宋庆龄的父亲为了不让她与孙中山谈恋爱，将宋庆龄关在家中，不让她出门，后来在妹妹宋美龄的帮助下宋庆龄才逃离家庭，最终与孙中山结合。但是恋爱的社会性较之婚姻要弱得多。夫妻关系的社会性更强，因为它直接涉及的社会关系更广泛，更复杂，如要与双方的亲属、同事、朋友、孩子的老师等交往。

三、正确处理恋爱婚姻中的几个关系

要妥善解决恋爱婚姻问题，除前面所讲的外，还要处理好以下几个方面的关系，摆正爱情婚姻在人生中的位置。

第一，要正确处理恋爱择偶与学习成才的关系。在这方面，我认为应该把学习成才放在首位。学生时代要集中精力搞好学习，使自己成为祖国和人民的有用之材，而不要过早地谈恋爱。这是因为：首先，学生时代，特别是中学时期，是一个人的世界观、人生观和价值观的形成时期，也是身体、心理渐趋成熟的时期，但并未完全形成和完全成熟。在这种情况下谈恋爱就难免出问题，甚至断送性命，这样的案例新闻媒体时有报道。其次，学生时代是人生中获取知识的最佳时期，应该把精力用在学习上，使自己尽可能多地掌握科学文化知识和技能，为今后工作和进步、为祖国和人民作贡献打下坚实基础，也为解决婚姻问题创造良好条件。在这一点上，周恩来等为我们做出了榜样。

周恩来在南开大学读书时，南开大学的校董严修十分器重周恩来的人品和才学，曾托人向他提亲，想把女儿许配给他。周恩来婉言谢绝了。他认为，当时是他集中精力学习的时候，而根本不是考虑婚姻问题的时候；更何况自己只是个穷学生，假如同严家结了亲，自己的前途一定会受严家支配。

当然，在大学阶段，如果遇上了中意的同学，应该说还是可以建立恋爱关系的，有这个机会也不要错过，可以通过在学习和生活中的相互了解、激励和帮助，不断加深感情。但不能把本应该用在学习上的时间和精力浪费在花前月下的谈情说爱上，以至影响甚至荒废学业。更不能越轨，把恋爱关系混同婚姻关系。一般来说，同学之间谈恋爱获得成功而组建的家庭，大都是比较稳定、和谐、幸福的家庭，如我的大学同学中和我在大学教过的学生中就有这样的例子，这些同学和学生的家庭就真正成了他们在事业上的加油站。

第二，要正确处理外貌美与心灵美的关系。应该把心灵美放在第一位，把外貌美放在第二位。俗话说："鸟美在羽，人美在心"，"美女只悦人目，好女才悦人心"。古往今来，只注重志同道合、品德才智和情感，而不看重外貌、出身、地位、金钱的人并不少见，而且这些人往往是卓有成就的人，如诸葛亮等。

周恩来与邓颖超的爱情关系是他在旅欧期间确定的。那时周恩来25岁左右，邓颖超20岁左右。邓颖超与周恩来相识是在1919年五四运动中。邓颖超在运动中表现得热情、勇敢、坚韧不拔，在生活中又那样淳朴、爽朗、待人以诚，给周恩来留下了很深的印象。30 多年后，周恩来在教育他的侄女正确对待恋爱婚姻问题时，讲到过他的这段经历。他说：在旅欧初期，我曾经有过一个比较接近的朋友，那是个美丽的姑娘，对革命也很同情。但“作为革命的终身伴侣，她不适合”，我所需要的是“能一辈子从事革命”、能经受“革命的艰难险阻和惊涛骇浪”的伴侣，“这样，我就选择了你们的七妈（指邓颖超）。接着和她通起信来。我们是在通信中确定关系的”。

曾任日本首相的田中角荣爱上了一个结过婚，还带着一个小孩，也不漂亮的花子。田中觉得花子老实、和善、乐于助人。他认为这是理想中的妻子。新婚之夜，妻子与丈夫约法三章：第一，不准休妻；第二，不准打妻子；第三，即使将来升官发财，也不变心。花子表示，只要田中做到这三条，任何苦她都能忍耐。婚后，他们俩都信守了承诺，家庭和睦、幸福。

第三，要正确处理爱情与事业、生命的关系。爱情是人生的重要组成部分，真正的爱情能给人以鼓舞，给人以力量，给人带来精神上的激励、情绪上的愉悦、生活上的充实，促进人的自我完善，促使人去不断追求事业的成功和对祖国、人民的奉献。但爱情毕竟只是人生百花园中的一朵花，人生除了爱情之外，还有比爱情更重要的东西，这就是事业。人需要爱情，但却不是为了爱情而活着。一个有远大理想抱负的人，他一生中最重要的只能是勤奋学习，努力工作，把自己的青春、智慧和才华投入到为社会、国家和人民服务的事业中去。这样的人生才充实而有意义。古今中外，凡是有所建树者，都能摆正爱情在人生中的位置，处理好爱情与事业的关系，他们既是事业上的成功者，又是幸福爱情的获得者。马克思与燕妮、周恩来与邓颖超就不愧为爱情事业完美统一的典范。

当然，也有爱情与事业发生矛盾的情况，尤其是在革命战争年代。面对这种情况，应该理智地将爱情从属于事业，置事业高于爱情。匈牙利诗人裴多菲的著名诗句“生命诚可贵，爱情价更高；若为自由故，二者皆可抛”，就表现了他为了事业而不惜放弃生命和爱情的高尚情怀。在中国革命进程中表现出这种高尚情怀的革命烈士是很多的。如一同参加1927年广州起义而被蒋介石反动派杀害的陈铁军、周文雍，就是其中的两位。他们既是深深相爱的恋人，更是为中国革命事业而不惜牺牲爱情和生命的战友。他们在刑场上举办婚礼，把悲剧演成了感天动地的喜剧。

在社会主义建设的新时期和新时代，也不断地涌现为了祖国和人民的利益而不惜牺牲生命和爱情的英雄人物。如2010年12月26日中央电视台报道，飞行员冯思广（28岁）在结婚的前一天执行飞行任务时，飞机发生故障，为了济南市张庄村四千多居民的生命财产安全，他放弃跳伞的最佳时刻，毅然决然地将操纵杆往前推了44厘米，结果保障了张庄村居民的生命财产安全，而自己却与飞机同归于尽。

关于爱情与生命的关系，我认为生命更为重要，应该更加珍爱生命。生命既是事业之本、为民奉献之本，也是爱情之本，生命不存，爱情何在？我认为珍惜爱情是无可厚非的，但不能因为在爱情问题上受到挫折就自寻短见，丢掉生命，更不能毁人身体，夺人性命。改革开放以来，社会上因恋爱不成而自绝人世、送掉性命或毁人身体、夺人性命的事时有耳闻，这种“爱情至上”是一种不科学的爱情观，是不可取的。

另外，谈恋爱、找对象还要注意两点：一是要慎重，力戒草率。有人说，谈恋爱应当睁大双眼将对方看得一清二楚，结婚成家后最好是睁一只眼，闭一只眼，不妨马虎点。这话说得很有道理。谈恋爱就是要表现真实的自我，了解真实的对方，相知才能相爱，相爱夫妻关系才能长久。有的人在谈恋爱时不切实际地讲自己的优点长处，隐瞒自己的缺点和短处，甚至伪造一些情况欺骗对方。这种做法是不对的，是有害的，一旦成为夫妻就会给夫妻关系蒙上阴影。要了解对方的真实情况，就要有一定的交往接触时间，不能急于求成。如邓颖超所说："真挚的持久的爱情，不是'一见倾心'，因为相互的全面的了解，思想观点的协和，不是短时期就能达到的，必须经过相当的时间才能真正了解，才能实际地衡量双方的感情。"（她与周恩来的爱情关系是经历了5年的时间才最终建立的。）如果在双方不甚了解或缺乏较成熟、稳固的感情时就急于成婚，就可能产生悲剧。婚姻是人生的大事，古人云"举大事必慎其终始"。慎其始，才能善其终；始不慎，则终不幸。这方面的事例，古今中外并不少见。

俄国著名作曲家柴可夫斯基，收到28岁的姑娘安东尼娜的求爱信，他开始没有兴趣接受这位多情女子的爱情，婉言谢绝了，但姑娘执拗地表示：如果作曲家不接受她的爱情，她就以死来表示自己的忠贞。出于怜悯，他同意了。可是结婚不久，柴可夫斯基发现安东尼娜只是贪婪地占有他的荣誉，并不是爱他这个人。后来安东尼娜居然与他人同居并且生了孩子。柴可夫斯基在婚姻上没有慎其始，结果造成了他在爱情婚姻上的终身不幸。

二是要讲道德，讲文明。谈恋爱，作为一种人际交往，也要遵守道德规范。如恋人之间要彼此尊重。恋爱双方在人格上是独立和平等的，放纵自己的情感或者给对方以束缚或强迫，都不符合恋爱的道德要求。不能把恋爱混同于婚姻，如果凭着一时的冲动而越轨，就会带来终生的遗憾。不能搞三角甚至多角恋爱，不能欺骗对方。玩弄骗术，搞三角乃至多角恋爱的人，往往是害人又害己，甚至造成极为严重的后果。

同时，谈恋爱也要讲文明，要有高雅的情趣，要谈出水平。文明的高水平的恋爱应该是恋爱双方既相互爱慕、亲近，又举止得体，相互尊重，而绝不是在态度、举止、言语等方面的粗俗和放纵。恋人在公共场所出入，要遵守社会公德，尊重中华民族的优良传统。在众目睽睽之下、大庭广众之中、闹市区的街道或马路上，搂搂抱抱，做一些亲昵乃至不堪入目的动作是不可取的。马克思在发现保尔·拉法格热烈地追求自己的女儿时就曾写信告诫他："在我看来，真正的爱情是表现在恋人对他的偶像采取含蓄、谦恭甚至羞涩的态度，而绝不是表现在随意流露热情和过早的亲昵。"① 美国心理学家沃伦琼斯认为害羞是一种良好的感情，有八点好处：①害羞的人给人神秘有趣的感觉；②害羞的人更聪明，给人醒目的印象；③害羞的人易被人信任，给人以自尊、自爱、不乱说是非的好感；④害羞的女性更为文静迷人，更具吸引力；⑤害羞的人显得受教育多，阅读能力强，知识广；⑥害羞的人显得更明白事理，能接受别人的意见；⑦害羞的人是忠实的朋友，易于相处，维护友谊；⑧害羞的人的婚姻能持续更长时间，他们往往努力维系婚姻，对丈夫（妻子）和家庭比较关心和爱护。

四、择偶的具体要求

谈朋友，找对象，或者说择偶，除主要看对方本人的情况，即恋爱对象的情况外，同时也要了解对方的家庭情况。有人说恋爱是恋爱双方的世界，即使与世隔绝也无可非议。我对这种看法不予认同。我们不能像封建时代那样讲什么"门当户对"，但也不能根本不考虑对方家庭的情况。恋爱时是恋爱双方的事，但结婚成家后则就是男女双方家庭的事。我认为即使是谈恋爱时也应该征求双方父母乃至兄弟姐妹的意见，俗话说一人见识短，众人见识长，"三个臭皮匠，顶个诸

---

① 《马克思恩格斯全集》第31卷，人民出版社1972年版，第520页。

葛亮”，对双方家庭的情况，包括家庭成员的构成及其工作情况、经济收入等都应有个大概的了解。这里重点谈谈对恋爱对象本人的了解问题。

首先，要了解对方的思想道德素质，包括世界观、人生观、价值观和理想信念、道德情操等。这是择偶的首要标准。双方有相同的“三观”和共同的理想信念，就能够志同道合，并肩前进，使爱情生活始终充满活力，使夫妻感情日益稳固完美，这就为夫妻双方各自勤奋敬业，为祖国和人民多作贡献创造了良好的家庭条件。如果双方没有相同的“三观”和共同的理想信念，在事业、家庭、人生等重大问题上存在诸多分歧，就会影响双方在事业上的成就，影响爱情的和谐发展。真正的爱情，绝非“情”的冲动，更非金钱的魔力，而是对共同理想的追求和思想的一致。曾对革命作过重大贡献的熊瑾玎和朱端媛夫妇，对爱情忠贞不渝，情深意笃，相爱白头，被邓颖超称为模范夫妻，其原因就在于他们有共同的理想信念，忠诚于共同的革命事业。朱端媛回顾他们的爱情生活时深有感触地说：“爱情之火，需要不断增添燃料，才能愈燃愈烈，永不熄灭。而最好的燃料，则是革命的共同理想，共同事业，共同斗争。”马克思夫人燕妮说：“没有精神上的结合，就没有肉体上的结合。”①

同样，有良好的道德情操也是择偶的首要标准，只有双方都具有良好的道德情操，才能产生、发展和巩固真正的爱情关系。两个人的思想道德水平越高，其爱情生活就越幸福。邓颖超说得好：“爱情的持久力量和美是与个人的一般道德水平分不开的。”②

其次，要看对方的文化素养、才智能力和兴趣爱好。这是择偶的又一重要标准，女子在选择男子时更要看重男子的这些方面。文化素

---

① https：//zhidao. baidu. com/question/1437010864644475379. html。

② 李菁：《周恩来与那个年代的情感》，《中华文摘》2006年2月17日。

养、才智能力是人们从事工作、谋取生存、立足社会及时代的资本，也是为民奉献的资本。爱情并非纯粹的精神现象，由此产生的家庭更是实实在在的社会细胞，这需要一定的物质条件来保证。同时，文化素养和兴趣爱好越接近，彼此的共同语言就越多，婚姻家庭的凝聚力就越强。不过，不能把物质条件看得过重，不能把文化素养、兴趣爱好等绝对化，因为建设和发展爱情、维系夫妻关系的关键是感情，只要双方的感情真挚深厚，文化素养、兴趣爱好等的差异是可以通过学习、培养和互补而缩小的。这里还有一个对对方职业的认识问题。2013 年七夕前夕，中国红娘网根据对 3 万多男女的调查，推出一个调查报告。报告中讲，“最受欢迎的五大职业”依次是教师、公务员、私营业主、医生和律师，而五大被“嫌弃”的职业分别为导游、自由职业者、销售、文艺工作者和媒体人。这个结果迅速被《人民日报》等媒体在网上转载。作为恋爱择偶需要考虑的“硬件”之一的职业应该摆在什么位置呢？笔者认为也只能放在次要位置，更何况职业的“冷热”是在不断变化的，如当年的“臭老九”教师现在却成了最受欢迎的职业。

曹操把自己聪明伶俐的爱女嫁给了丁异。丁异是个半瞎子，人们对此大惑不解。曹操说：“比丁异长得好的人多的是，但像他那样德才兼备的人却很难找啊！”由此可知，政治家、文学家、军事家曹操为自己儿女择偶，主要考虑的是对方的道德和才华。

中国当代相声艺术家马季在“文革”时与于波谈恋爱，第一次见面时他就告诉于波：“今天来见面之前，我刚刚挨过批斗……”两天后，他又带于波到自己工作的广播文工团看“批判”马季的大字报。于波从马季的这些行动中，看到了他的直率、真诚、可爱，萌生了爱情。马季又对于波说：“我已经是三十出头的人了，没有更多的时间谈情说爱，我就是这么个人。没有什么见不得人的，我的全部任你考察。干脆点，你看我行不行?”于波当然没有什么说的。就这样，两人结为伉俪。可见，于波恋爱择偶时看重的是人品。

再次，要看对方的性格脾气。双方性格脾气的相投相合，是择偶的标准之一。双方性格脾气的相投相合，就是彼此在个性上能够互相理解、宽容、补充和调节，使之和谐共进，融洽愉快。如果不是这样，那生活中必然矛盾丛生，夫妻感情和家庭生活就很难和谐美满。笔者认为，女子宜和善、温柔、开朗、细心，男子宜刚强、豪爽、直率、坦诚。如果是这样，那夫妻感情和家庭生活就会和谐美满。

最后，要看对方的年龄、外貌、身体状况等生理因素。这些是择偶的基本条件，但却是最容易了解的。年龄要基本相当，不宜相差过大。身体要健康，无遗传性、传染性疾病。至于相貌身材，不能苛求，“看得顺眼，爱得起来”即可。

但是，不少青年人，尤其是男子，谈恋爱、找对象往往只注重外貌美，而忽视了思想品德、气质、才学等方面的美。其实，这些属于内在美的东西才是最重要的。内在美或者说心灵美是长久的，而外貌美是表面的、暂时性的，青春红颜不会永驻，蹉跎岁月会使美丽的容颜逐渐消退。柏拉图说：“应该学会把心灵的美看得比形体美更珍贵。”当然，如果心灵美，外貌也美，那就锦上添花更好。如马克思的夫人燕妮就是心灵美，外貌也美，她是“特利尔最美丽的姑娘”，“舞会上的皇后”。燕妮生于一个权势显贵的普鲁士贵族家庭，她的家人希望她在上流社会中联姻。然而她却被马克思超群的人格、品行、智慧、才华所深深吸引，她不顾世俗的门第偏见，也不为高官厚禄所动，拒绝了许多人的求婚，毅然把爱情投向一文不名且前途莫测的大学生马克思，并等了他整整七年。1843 年 6 月，当马克思成为普鲁士政府最痛恨的革命家而准备流亡国外时，燕妮同马克思结婚了。燕妮坚定不移地忠于自己选择的丈夫和他的事业。婚后不久，他们就开始了萍踪无常的流亡生活，而燕妮总是不辞辛劳地跟随着马克思，与他患难相扶，安危与共。虽然繁重的家务和拮据的生活常常使她精疲力竭，但她仍满腔热情地支持和参与丈夫的事业。她写信给朋友说："我是少数幸福中的一个，因为我的旁边有我的亲爱的丈夫，我的生命的支柱。"两个人为着一个共同的理想融为一体，并肩战斗，心心相印，感情深厚。共同的事业磨砺了他们的爱情，斗争的岁月更增添了他们爱情的光辉。1856 年，燕妮已经是六个孩子的母亲了，马克思在写给她的信中却仍然保持着初恋时火热的激情，他写道："我衷心珍爱你……我对你的爱情胜过威尼斯的摩尔人的爱情。"燕妮喜欢说的一句话是"痛苦可以磨练人，而爱情则给人以支持。"她和马克思忠贞、甜蜜的爱情深深融进了他们为无产阶级而奋斗的伟大事业之中，成为支持他们战胜一切困难，"为战斗着的人们发展斗争的理论"的力量源泉。正如他们的儿女自豪地说过的："没有燕妮·冯·威斯特华伦，那么卡尔·马克思也就不成其为马克思。"

像燕妮那样的外貌美、心灵更美的人，在现实社会中是不多见的，因为所谓美男子、美女子毕竟很少。潘安是西晋美男子，传说他每次外出姑娘们都向他扔水果以表示爱慕，以至掷果盈车。1935 年 10 月，郭沫若在日本东京给旅日华侨做演讲，宣传革命道理。日本当局派来的暗探故意捣乱，把梨子朝正在演讲的郭沫若身上扔，企图使演讲中断，郭沫若随之讥讽曰："妄把梨儿充炸弹，误将沫若当潘安"，对捣乱分子进行嘲讽。同时，美与丑不是绝对的，而是相对的，即使是美女，也有不足之处。中国古代著名的四大美女西施、王昭君、貂蝉、杨玉环，人们说她们有沉鱼落雁、闭月羞花之貌，但也不是十全十美。实际上，男女双方能否结为夫妻，能否白头偕老，关键在感情，如果感情真挚、深厚，即使外貌差一点，也不要紧，它会被感情所淹没。不是有这么一句话吗，叫“情人眼里出西施”，这句话的本义讲的就是这个道理。托尔斯泰说过，“一个人不是因为美丽而可爱，而是因为可爱而美丽”，这句话说得尤为深刻。近年来我们国家评出了不少最美教师、最美医生、最美护士、最美快递小哥等，都是因为他们最可爱而最美丽。

第九章　爱家治家，报效国家

恋爱获得成功，选择了适合自己的另一半，结婚成家就是水到渠成、瓜熟蒂落的事。结婚成家是人生道路上的一个重要里程碑，这为走好人生的后半路程奠定了重要基础。

家庭是社会的细胞，是国的最小构成单位。无论是大国还是小国，都是由一个个家庭组成的，没有涓涓细流就无以成江海，没有一块块的砖瓦就不可能建成高楼大厦。中央电视台有个公益广告说："国是千万家，有国才有家，国是家。"这个广告指出了国与家的辩证统一关系，告诉人们要将爱家和爱国结合起来。一方面，家是国的基础，国是由千千万万个家庭所构成的，无家则无以成国，家富则国强；另一方面，国是家的靠山和保护者，无国则家就失去保障，国强则家安。总之，家和国是不可分的，是相辅相成的。如果国的每个家庭都和谐、文明、富裕、美满幸福，那么国也就会和谐、安定、进步、繁荣昌盛。爱国必须爱家，连自己的家庭都不爱的人，怎么可能爱国？同时，爱国即是爱家，有国才有家。

对于个人来讲，幸福的家庭就如同事业的加油站，给人以奋发向上及克服困难的勇气、智慧和力量；又如平静的港湾，生命之舟在此短暂地歇息、休整和补充之后又将开始新的航程。我们的先人说过，"家和万事兴"，这也是被无数事实证明了的一个真理。一个人事业上的成功和生活的幸福，是与家庭的和谐幸福密切相关的。所以，已经建立了家庭的人们，一定要构建一个和谐美满、温馨幸福的家庭。而要构建这样的家庭，最重要的就是要热爱自己的家庭，珍惜自己的家庭，呵护自己的家庭。

珍爱自己的家庭就应该治理好自己的家庭，爱家是治家的前提和基础，治理好家庭是爱家的体现和要求。珍爱家庭就必须做到家庭成员同心协力，携手并肩，共同建设家庭；患难与共，同舟共济，不因家境的变化而变化，不使家庭解体；以正确的态度和方法处理好家庭内部各方面的关系，包括夫妻关系、晚辈与长辈的关系、兄弟姐妹关系等。下面主要谈谈夫妻关系、与父辈的关系、与子女的关系的处理问题。

一、正确处理夫妻关系

（一）正确处理夫妻关系的重要性

要建立一个和谐美满、温馨幸福的家庭，必须处理好家庭各方面的关系，而家庭关系的核心是夫妻关系，所以处理好夫妻关系尤为重要。良好的夫妻关系不仅对夫妻双方的生活、事业和子女的教育成长以及整个家庭关系有极重要的意义，而且也直接影响到所在单位、国家、社会的和谐稳定及文明进步。如果夫妻之间互不信任尊重，互不理解支持，同床异梦，步调不一，甚至经常争吵，那势必给双方的身心健康带来消极影响，给事业造成损失，就不可能为祖国和人民做出较大贡献。相反，如果夫妻和谐，相敬如宾，步调一致，齐心协力，那家庭就美满幸福，工作起来就干劲十足，顺心顺手，事业必定有成，为祖国和人民做出较大贡献的愿望也就能够实现。

（二）正确处理夫妻关系的原则和技巧

托尔斯泰的长篇名著《安娜·卡列尼娜》中有这样一句名言："幸福的家庭是相似的，不幸的家庭各有各的不幸。"幸福家庭最根本的相似之处就在于有一个和谐、美满的夫妻关系，而怎样才能建立和维系这种关系呢？简单地讲，就是双方应加强思想道德修养，以高度的责任心和义务感精心培育、理智调适，使爱情不断完善、丰富和深化。爱的基础越深厚，婚姻关系就越稳固，家庭也就越幸福。具体来讲，夫妻关系的处理调适应做到以下几个方面。

第一，平等与尊重。在大多数家庭里，夫妻双方的学识水平、收入情况和社会地位等并不总是平衡的，但夫妻双方的人格和在家庭里的地位是平等的。夫妻地位和人格的平等是美满婚姻关系的支柱，失去这一支柱，婚姻关系就会发生倾斜。有的男子夫权思想严重，奉行大男子主义，不尊重妻子的平等地位，视妻子为"二等公民"，要求妻子唯命是从，不听取和尊重妻子对家庭事务的意见，独断专行，自己说了算。有的妻子搞起了"大女子主义""夫人专政"，使丈夫手足无措，自尊心受到伤害。这种情况是大大损伤夫妻感情的，使妻子（丈夫）情绪抑郁，身心受到伤害。正确的做法是，夫妻双方都要热爱共同的家庭，平等相待，互相尊重，尊重对方的人格、工作和事业，尊重其兴趣爱好和社交等个人自由，尊重并协调对家庭事务的抉择和管理。中国共产党的重要创始人李大钊就是这方面的榜样。他父母早逝，由年已古稀的祖父抚养，祖父为他娶了大他 6 岁的赵纫兰为妻。赵纫兰是个没有文化但却勤劳、善良、贤惠的农村姑娘，在他俩共同生活的 20 多个春秋里，妻子辛勤操持家务，抚养孩子，不管家境多么困难，生活多么艰辛，她总是想方设法支持丈夫的学业和革命活动。对患难与共的妻子，李大钊极为尊重，他后来有很高的社会地位和声望时，也未改初衷，对妻子一往情深。他家常有许多青年学生和知名人士来访，每当客人光临，他总是十分高兴地把妻子请出来同客人见面。为了对客人表示礼貌，事先他帮妻子换衣服，扣扣子，然后陪妻子出来。长女李星华后来回忆说，平时在家里，父亲总是帮母亲做饭，照料孩子，忙个不停，闲暇之余还同母亲下棋、散步。

第二，关爱与尽责。夫妻之间要互相关心、爱护和体贴，要尽到做丈夫或妻子的责任。要做到患难与共，有福同享。尤其是当对方患病时要尽心尽力给予关照，对方受到打击和挫折时要用心安抚和鼓励，切不可火上浇油，雪上加霜。近些年来从新闻媒体上时常听到在这方面做得好的或不好的夫妻的案例。例如：2011 年 3 月中央电视台《今日说法》栏目播出了一个案例：山东聊城一个叫张玉华的丈夫精心照料已成植物人的妻子，还经常唱歌来让妻子苏醒，四年后妻子终于有了好转，可以说话、哭笑和唱歌。张玉华真是个为病妻尽心尽责的好丈夫。

第三，忠诚与信任。相互忠诚和信赖是夫妻关系的基本道德要求，是形成美满婚姻关系的决定性因素。夫妻之间应该亲密无间、肝胆相照，在感情上互相忠诚，在人格、品行上互相信赖。相互信任首先要求彼此忠诚，对爱情的忠贞是信任的前提。那种随景移情、喜新厌旧，或者插足他人家庭对爱情不忠的人，是不可能得到信任的。改革开放以来，从新闻媒体上了解到丈夫不忠于妻子或者妻子不忠于丈夫的不良事例是不少的。因此，作为党政部门要加强对党政领导干部、党员和群众的思想道德教育；党政干部、党员和群众也要进行这方面的自我教育，提高自重、自警、自律意识；同时注意和增强夫妻之间的了解、忠诚和信任。

第四，谅解和宽容。夫妻之间不可能在任何事情、任何问题上都保持一致，不出现一点摩擦和矛盾。唯物辩证法告诉我们，矛盾是无处不在、无时不有的。没有一点矛盾的夫妻和家庭在现实世界是找不到的。一个幸福的家庭并不在于没有矛盾，而在于善于调适，使矛盾少一些，出现矛盾能及时妥善地予以解决。调适和解决夫妻矛盾的一个重要和行之有效的方法就是谅解和宽容。也就是说，一旦出现矛盾，双方都要设身处地为对方着想，不要一味指责；要宽以待人，谅解对方的缺点，允许并帮助对方改正错误。夫妻间的谅解和宽容是联络夫妻感情和维系家庭和谐的不可缺少的一根纽带，它既表现在对夫妻矛盾的调适方面，也表现在对家务事的处理、经济的支配、子女的教育等方面。如家务事要共同承担，经济要民主公开，对子女要共同负责等。

第五，沟通与理解。强化夫妻感情的又一重要方法就是增强心理上的联系和思想上的融洽，即加强沟通和理解。从根本上讲，夫妻之间不仅是生理和身体的结合，更重要的是思想上的志同道合和感情上的情投意合。夫妻之间应经常进行思想和感情的交流、沟通，以获得心理和感情上的支持、慰藉，尤其是工作和生活上遇到困难、身体上有不适之时更应如此。女性情感细腻且易变化，更需要丈夫的体贴和劝慰。从目前国内外婚姻解体的情况看，由于道德和心理上不一致而离婚的比由于物质原因离婚的多得多。怎样加强心理联系和心理交融呢？办法很多，比如：增加共同活动的时间，尽可能在一起度过余暇；在工作和生活中遇到困难时，互相安慰、体谅，不互相指责、埋怨；丈夫经常夸奖妻子的工作，妻子时时关心丈夫的事业，等等。周恩来夫妇就是这样做的。他们虽然工作十分繁忙，但却不忘夫妻间的恩爱和体贴，因此夫妻感情如陈年老酒，随着岁月的流逝而愈加浓烈、醇香。

第六，互补与提升。建立和维系美满婚姻的基础是爱情，夫妻婚后的互补和提升是增进爱情、婚姻和谐的重要环节。夫妻间的互补主要是指在性格、心理、才能、知识上取人之长，补己之短，各自发挥其长处，共同建设和谐完美的家庭整体。同时，夫妻关系还需要自我提升，也就是需要夫妻双方在思想道德、品行、知识等方面不断完善、提高。夫妻双方都十分注意各方面的自我完善，不断用新思想、新道德、新知识武装自己，双方比翼齐飞，同步前进，就会使夫妻感情不断深化。这也许就是爱情之花常开常新的奥秘。我国“两弹一星”的大功臣钱学森，他的夫人是留学回国的蒋英（著名的音乐家），他们两人互相学习。钱学森从夫人那里学到不少对他研究自然科学有用的音乐知识，蒋英亦从丈夫那里学得不少对她从事音乐事业有用的东西。他们夫妻二人互相学习、互相促进，共同提升。

第七，热点问题“冷处理”。家庭生活中有很多容易引起夫妻矛盾的“热点”问题，如前面提到的家庭经济开支、家务劳动和对子女的教育等问题，应十分谨慎地处理这些易于“燃爆”的“热点”问题，主要方法仍是运用上文所说的信任、尊重、谅解、宽容等原则进行调适。此外，“冷处理”也不失为一种有效的解决方法。所谓“冷处理”，就是当矛盾激化或将要激化时，保持缄默或回避，或转移，让“火候”降温或暂时冷却，然后再心平气和地交换意见，客观地分析问题并商量解决方法。冷静后再解决往往比在气头上急于解决要容易得多，顺利得多，而且不伤夫妻感情。即使对那些特别难以解决的如“外遇”等棘手问题，采取“冷处理”也常常能收到满意的效果。外遇或曰“第三者插足”问题在今天已成为比较突出和复杂的社会问题，由此所引起的离婚案件显著增加。如果家庭出现了这种情况，而又不想家庭崩溃，不妨采取“冷处理”的方法来解决。因为争吵、打骂等“武攻”办法是无济于事的，只能使矛盾激化，会把对方更快地推向“第三者”，加速家庭的解体。下面讲一个用

"冷处理"的办法解决这类问题的成功事例：一位受学生敬重的女青年教师周某，与同学四年的大学同学恋爱结婚，婚后感情很好，家庭和睦幸福。然而，5年后丈夫却突然提出离婚，并坦率地承认他爱上了他的助手小陈姑娘。面对这意想不到的打击，周某痛苦万分，但她强忍泪水，没有吵闹，只是冷静地对丈夫说："让我好好考虑一下吧。"一个星期天的下午，周某来到小陈宿舍，没有责怪小陈，只是恳切地向这位姑娘诉说她的家庭、丈夫、孩子的情况，受过高等教育的小陈理智最终战胜了情感，认识到自己不该介入这个美满的家庭。在经历了几次推心置腹的长谈后，丈夫也满怀愧疚地作了自我批评，深刻地认识了自己的错误。他们的感情恢复如初，并且基础更加牢固了。

这里，我想提醒大家，结婚成家特别是生了孩子之后，不到万不得已，一定不要离婚，离婚往往带来不好的后果，甚至极为严重的后果。这种后果既表现在夫妻身上，也表现在子女身上。

第八，处理夫妻关系要有原则性。在政治、工作问题上，在大是大非问题上，要分清是非对错，正确的就支持，错误的就反对。不能因为是自己的妻子或丈夫，就不分青红皂白，什么话都听，什么要求都满足。在当今社会里，就有这样的领导干部，下级和群众的话他听不进，而对老婆的话却言听计从。这样的干部往往会吃大亏，犯大错，甚至走上犯罪的道路。

还有的领导干部以权谋私，他们不是全心全意为人民服务，而是全心全意为老婆孩子乃至亲戚朋友服务，搞起了封建时代"封妻荫子""一人得道，鸡犬升天"那一套。当然，对于妻子或丈夫的错误提出批评，也要讲究方法，不能大吵大闹，更不能拳打脚踢，而要摆事实，讲道理，使其心服口服，从而达到既弄清是非、解决了问题，又没有损伤夫妻感情的目的。

在这方面，老一辈无产阶级革命家都是做得很好的。如周恩来对邓颖超是信爱有加，但在邓颖超的职位安排上却始终不让她担任重要职务。中华人民共和国成立时周恩来担任政务院总理，就邓颖超对革命的贡献和能力，起码可以担任部长的职务，但周恩来坚决不同意，并对提议的人说，如果她担任部长，那我就不当政务院总理了。邓颖超也非常支持周恩来的意见。

二、正确处理与父辈的关系

一个人在结婚之前，在家庭内部主要是处理与父母的关系，有兄弟姐妹的还要处理与兄弟姐妹的关系。成家之后除了要处理好夫妻关系和继续处理好与父母的关系外，还要处理好与岳父岳母或公爹公婆的关系。这也是治家和为人处世的一个重要方面。

（一）对父母孝敬而不盲从

父母对子女有生身之情，养育之恩，作为子女，孝敬父母是人之常情，天经地义，也是中华民族乃至全人类的传统美德。中国孝文化根基深厚，源远流长，不仅产生了许多主张行孝道的思想家，而且历朝历代的统治者都主张以孝治天下，对行孝道的人大加表彰，对不孝的人加以严惩。唐玄宗还特地为《孝经》作序，要求每家每户都要有一本《孝经》。何谓“孝”，中国古代思想家作了许多论述，汉朝贾谊在其《新书·道术》中说：“子爱利亲谓之孝”，是说作为子女的敬爱父母，做有利于父母的事谓之孝。《辞海》《辞源》等辞书，对“孝”的解释是“善事父母”，明确了在“孝”这个伦理关系中，行“孝”者是子女，受“孝”者是父母，孝的本质是子女对父母要“善事”。那“善事”的含义是什么呢？根据前人（如儒家思想家等）

所述，择其合理部分可以概括为如下几点：一是赡养父母(“孝者，是谓能养。”[《论语·为政》])；二是以爱心愉悦承欢父母(“孝子之养老也，乐其心。”[《礼记·内则》])；三是规劝父母错误言行(“从命不忿，微谏不倦。”[《礼记·坊记》])；四是自爱而不做有损父母声誉道义的事(“孟懿子问孝，子曰：‘无违。’”[《论语·为政》])；五是自爱而不做无谓的有损父母所给予的身躯健康的事(“不顾父母之养……好勇斗狠……不孝也”[《孟子·离娄下》])等。这五个方面，其中第一、第二两个方面是重点。这两个方面就是说，“孝”不但是“赡养”，而且要敬爱；不但要养体，还要养“心”。谢觉哉也说过：“养父母，不只给他们吃穿、不冻不饿而已，还要有亲爱的诚意和敬意，使老人感到愉悦。”另外，行孝还要做到以下三点：一是结婚成家，生儿育女，以使家族得以传承和发展，古人说“不孝有三，无后为大”，说的就是这个意思。二是父母去世，要尽心尽力善为安葬，并适时拜祭。三是父母的优秀思想品德和树立的优良家风要继承和发扬。

“孝”这一伦理道德具有重要意义，具体表现在下列方面：第一，“孝”是为人立身之本。“孝”是人间各种伦理关系中的第一伦理。古人云：“百善孝为先。”人有了这个“孝”，人格才会完美起来，才能“谨而信，泛爱众，而亲仁”，才会有信、义、仁的品德。第二，“孝”是发展家庭亲情关系之本。“孝”，反映的是子女和父母之间的一种亲情关系。这种亲情关系是家庭各种亲情关系中的第一关系。家庭中的兄弟姐妹间、夫妻间、姑媳间等的亲和关系，常常是在家庭中首先存在“孝”这个关系后才可能出现的。一般来说，一个人只有尽“孝”，他才有可能按父母的意愿，去亲近兄弟姐妹及其他人。第三，“孝”是发展个人与社会亲和关系之本。子女对父母有孝心，推而广之，老吾老以及人之老，他就可能去爱他人之老，使社会亲和。第四，“孝”是“修身、齐家、治国、平天下”之本。孟子说：“天下之本在国，国之本在家，家之本在身。”（《孟子·离娄上》）孝，是人的第一修身内容，是一切道德的起点，离开对父母的孝敬，也就不可能有什么道德。试想，一个人如果对含辛茹苦抚养自己长大的父母，尚且没有爱心，他又怎么可能去爱他人、爱人民、爱国家？又如何去修身齐家治国平天下呢？第五，“孝”是人类绵延之本。父母慈爱子女是永恒的，如日月爱护万物。“孝”也将是永恒的。“慈”与“孝”是构成人类绵延之链，有此无彼，人类将陷入深渊。中国历史上孝子孝女层出不穷，现代的孝子孝女也不少见。

寇准是宋代名相。他小时候丧父，家道贫寒，与母亲相依为命。他敬重母亲，可就是有点贪玩。有一次他偷偷到渭水边钓鱼，没去上学。母亲知道后要打他，他撒腿就跑。母亲抓不到他，就把手中的秤砣扔了过去，结果没有打着。寇准跑着跑着，听到母亲的嚎啕哭声，连忙跑回来，跪在母亲面前，说：“娘，儿子再也不逃学了，如果再犯，你就用秤砣把我打死。”母子抱头痛哭。从此，寇准再也不淘气了，读书很用功，19 岁中了进士，20 岁到巴东当了县令。为了纪念母亲教诲之恩，他铸了一个秤砣，挂在县衙门前，每天提醒自己牢记母亲教诲，不得玩忽职守。寇准当了宰相后，有一次准备大宴宾客庆寿，礼物收了一屋子。家人哭着把一幅画交给寇准，原来画是寇准母亲留下的，画题为“寒窗课子图”。画上题诗一首：“孤灯课读苦含辛，望尔修身为万民。勤俭家风慈母训，他年富贵莫忘贫。”寇准读罢，泪如雨下，马上下令退礼罢宴。像寇准这样对父母尽孝、为民为国尽忠的人，在中国历朝历代都有不少。

“孝”这一优秀传统美德在现今也不断得到传承和发扬。在改革开放的新时期，孝子孝女们不断涌现。近些年来新闻媒体报道了许多这方面的典型事例。例如：中央电视台 2004 年 11 月报道，一个叫田世周的律师，不到40岁，为了挽救他的63岁患有尿毒症的母亲生命，瞒着母亲将自己的肾移植到母亲身上，从而挽救了母亲。2013年中央电视台又报道，一个叫葛丽的女青年以肾救母。2005年7月《光明日报》报道：长春税务学院的学生张尚昀，白天背着生活不能自理的母亲外出打工，晚上安顿好母亲后自学，并且取得了优异成绩，做到了尽孝与学业两不误。2013年9月，中央电视台报道：湖北荆州的一个16岁少年姜陈，边上学边打工挣钱，照料患有风湿性关节炎而丧失生活能力的妈妈。浙江某镇中心小学校长陈斌强，多年来一直骑摩托车带着患老年痴呆症的母亲行驶几十里去上班，精心照料母亲，做到了敬业与尽孝的完美结合……这样的典型事例，举不胜举。

当然，我们孝敬父母并不是意味着一切顺从父母，而应分清是非曲直，父母的言行是正确的，我们当然要听，要支持；如果是错误的，则要耐心规劝，这实际上是"孝敬"的题中应有之义。如果明知父母的言行是错误的，还要听从、支持，那就是"愚孝"，而不是真孝。正确的态度是，如若确认父母的话不对、所做的事是错误的，那就要采取摆事实、讲道理的方法和以晚辈的身份及口气说服他们，一次不行就多来几次，但切记不要一呼二吼，以免影响他们的身心健康。毛泽东对毛岸英讲过：忠孝是统一的。也就是说，忠于国家和人民，同孝敬父母从本质上讲是一致的，这从岳飞母亲在岳飞背上刺"精忠报国"四字就可清楚地知道。不过，从形式上看，忠于国家和人民会与孝敬父母有发生矛盾的时候，碰到这种情况，要以国家、人民的利益为重，同时还要争取父母的理解和支持。

（二）对岳父母或公爹公婆一视同仁

一个人成家之后还面临着如何对待岳父母或公爹公婆，如何处理与他们的关系的问题。这种关系处理得不好，同样影响家庭的和睦幸福和事业上的成就。一般来讲，对亲生父母感情要真挚、深厚一些，对岳父母或公爹公婆要淡薄一些。也正因为如此，要做到孝敬岳父母或公爹公婆就更难一些。过去处理不好这方面关系（尤其是婆媳关系）的人很多，现在没有处理好这方面关系的也大有人在。要处理好这方面的关系，总的来讲就是要做到不分彼此，一视同仁，即以对待生身父母一样的态度和行动来对待岳父母或公爹公婆。具体来讲，一是要充分认识这方面关系的重要性，以便理智地自觉地处理好这方面的关系；二是要将心比心，设身处地，把自己视为岳父母或公爹公婆的亲生子女；三是要注意培植感情，多与他们交流和沟通；四是具体行动上做到像孝敬亲生父母那样孝敬他们。这四点中前三点是基础，如果前三点做到了，后一点就自然能做到。

下面抄录两副对联供大家参考：

第一副：女无不爱，媳无不憎，劝天下婆母，减三分爱女之心而爱媳；妻何以顺，亲何以逆，愿尔辈人子，将一点顺妻之意以顺亲。上联忠告人们像对待女儿一样对待儿媳，处理好婆媳关系；下联希望在搞好夫妻关系的同时，儿子也应当敬重父母。这不失为一条家庭和睦相处的箴言。

第二副：漂漂亮亮新姑娘，十全十美乖媳妇，上得书房，下得厨房，进得客堂，欢欢喜喜充当一把手，不让公公发火，婆婆生气；精精灵灵小伙子，不折不扣好丈夫，送来薪水，端来茶水，买来鸡腿，乐乐呵呵敬爱半边天，专等卿卿坐月，宝宝喊爹。这副对联是反映现代家庭新风尚的，它既写出了新女性地位的提高，新娘聪明能干和孝敬长辈的美德，又写出了新郎爱护妻子，体贴入微的举动和情感。

三、正确处理与子女的关系

一个人结婚成家之后，要生儿育女，因而又有一个如何对待子女、怎样处理与子女关系的问题。这是做人治家的一个更重要的方面，它关系到家庭和国家的未来。我认为，在当今时代，父母正确处理同子女的关系应坚持下述原则和方法。

第一，寄希望于子女，但不苛求子女。“望子成龙”“望女成凤”，这是做父母的一般心理，当然也是无可非议的。但是，切记不要苛求子女，对子女的期望值不能太高。如果向子女提出不切实际的过高要求，就有可能事与愿违，甚至造成极为严重的后果。

第二，疼爱子女，但不娇纵子女。疼爱子女是人之常情，天经地义，但是不能溺爱子女，放纵子女，而要从严要求子女，让子女从小就开始具备独立生活的能力，让子女经风雨、见世面、受锻炼，使他们具有自立自强的志气和不怕艰难困苦的精神品质。我们老一辈无产阶级革命家对子女都是从严要求的，其中毛泽东最为突出。在中共中央和国务院直属机关负责人的一次会议上，周恩来总理讲过这样一段话：我们的领导干部，首先是我在内的在场 407 人应该做出表率来。不要造出一批少爷。……秦始皇能够统一中国，而他溺爱秦二世，结果秦王朝就亡在秦二世。……对于干部子女，要求高，责备严是应该的。中国现代革命家谢觉哉教子也极严，他写过一首《示儿》诗：“四体不勤，五谷不分；只知吃饭，不懂耕耘；他的外号，叫寄生虫。到校读书，回家锄地；锻炼脑子，锻炼体力；这样的人才能成器。”

央视节目主持人杨澜的父亲对杨澜的态度就是疼爱而不娇纵。杨澜因在中央电视台主持《正大综艺》节目出名，被某刊物推选为

“当代青春偶像”。杨澜的父亲（北外的英语教授）得知后，认为这是一个坏消息。他说：“杨澜不过是个刚毕业的大学生而已……她之所以能有今天的知名度，完全是由她的职业决定的。现在外面有些人把她说得神乎其神，其实我看她的节目主持得并不好，还有很多不足。我们总是提醒她要不断加强自身修养，也希望外界不要把一些美丽的光环罩在她头上。……杨澜是个很朴实的孩子，从小我们就没把她当独生女娇惯，别的孩子做的事，杨澜都做得很好，如刷碗、洗衣服等家务。学习上我们对她也从不放松……”

第三，耐心教育，竭力培养。抚养教育子女，是父母应尽的义务和责任。作为父母，一方面要尽力照顾好子女，让他们不饿不冻、幸福快乐，在身心上得到健康发展，顺利成长；另一方面要耐心教育子女，使他们具有好的思想道德品性，要积极引导、支持、鼓励子女努力读书，刻苦学习，不断进取，成为对国家和人民有用的人，为国家和人民多作贡献。

2010年11月，中央电视台《我们有一套》栏目播了下面一则消息：一个叫王元梅的妈妈，为了抚养、照看她的患有皮肤癌的儿子，费尽了心血，吃尽了苦头。儿子李琳很小时就得了皮肤癌，稍碰一下皮肤就流血，母亲就用纱布将儿子全身包起来，日复一日，年复一年，当地人们称她为“纱布妈妈”。医生说她的儿子只能活2年，但在她的精心照料下活到了37岁。妈妈还想方设法送儿子上学读书，帮助儿子读完了大学，并成为远近闻名的律师。妈妈是伟大的，令人敬仰。然而儿子的爸爸却是渺小的，是应受到谴责的，他见儿子得了病就丢下儿子不管，离家出走。

这里还要特别指出，为了不给子女成长和发展带来消极影响，不到万不得已，爸妈一定不要离婚。即使离婚，也一定要把处理好孩子的抚养教育问题放在第一位。近些年来，因父母离异导致子女走上犯罪道路的事屡有发生。媒体披露的留日学生汪家晶刺杀母亲一案就与父母离异密切相关。有的孩子受后妈虐待甚至被后妈打死的事也时有耳闻。2011 年 6 月的一天，中央电视台报道：一个男子已生了两个孩子还要与妻子离婚，而与一个叫康华英的女子结婚，婚后的一天康华英将丈夫与前妻生的两个孩子投入井中，其中大的被救了上来，小的被淹死了。这就是这位男子离婚再娶带来的恶果。笔者认为，改革开放后，离婚率不断上升，这不是一个好现象。建议国家要在民众中加强良好婚姻观的教育，因为这直接关系到我们接班人的延续和培养问题。

第四，平等地对待子女，做子女的好朋友。要尊重子女的人格和地位，虽然他们是子女，但在人格和家庭地位、社会地位上与父母是平等的，他们也有自尊心，也需要尊严。要正确对待子女的爱好和选择，不盲目干涉子女。子女有缺点、错误，给予积极帮助，耐心引导，而不放任不管，不简单粗暴，一呼二吼，甚至打骂。如果不尊重子女，不采取正确的教育方法，就会带来不良后果，甚至造成人间悲剧。例如：2011 年 11 月，中央电视台播出如下新闻：一个叫张宽英的河南籍女子，因不让上网成瘾的 15 岁儿子张琪上网，便将儿子绑在仓库柱子上，时间长达 12 小时，张琪已经连续上网 7 天 7 夜，以致支持不住而死去。究其原因，这也与父母离异有关：儿子有报复父母离婚的心态，因而不好好学习而天天上网；母亲因离婚心情不好，加上儿子又不好好学习，便采取了粗暴、残酷的教育方法。这是一个多么令人痛心的案例呀。

报载：一个培养出四个博士儿女的家庭，总结出教育子女的“一屋、二实、三主、四不”的方法。“一屋”指一间说话的小屋。在一间小屋里单独教育孩子，这样孩子才能重视问题，对讲的道理易“消化”接受。“二实”指情况属实，分析求实，如果孩子问家长问题，家长要如实回答，批评孩子一定要有根据，要摆事实、讲道理；与孩子一起分析错误原因，让孩子知错改错。“三主”指说明为主、表扬为主、尊重为主，不要“横眉冷对”训斥孩子，不要讽刺、挖苦孩子，而要心平气和地开导说服孩子，多肯定表扬孩子。“四不”是指不在客人面前说孩子，不在家庭成员集中的时候说孩子，不在饭桌上说孩子，不在气头上说孩子。孩子虽小，但也有自尊心，在众人面前教训孩子，会伤了孩子的自尊心；吃饭时训孩子，对孩子身体不利；在气头上训孩子，易冲动，不冷静，常会有错误的言行。以上“一、二、三、四”教育子女的方法是符合孩子发展规律的，是行之有效的，很值得父母借鉴。

下面摘录1941年1月31日毛泽东给远在莫斯科学习的两个儿子毛岸英和毛岸清的信，请大家认真读一读，看从中能得到什么启迪。

岸英、岸清二儿：①

很早以前，接到岸英的长信，岸清的信，岸英寄来的照片本，单张相片，并且是几次的信与照片，我都未复，很对你们不起，知你们悬念。

你们长进了，很欢喜的。岸英文理通顺，字也写得不坏，有进取的志气，是很好的。惟有一事向你们建议，趁着年纪尚轻，多向自然科学学习，少谈些政治。政治是要谈的，但目前以潜心多习自然科学为宜，社会科学辅之。将来可倒置过来，以社会科学为主，自然科学为辅。总之注意科学，只有科学是真学问，将来用处无穷。……你们有你们的前程，或好或坏，决定于你们自己及你们的直接环境，我不想来干涉你们，我的意见，只当作建

① 《毛泽东书信选集》，中央文献出版社2003年版，第152~153页。

议，由你们自己考虑决定。总之，我喜欢你们，望你们更好。……

我的身体今年差些，自己不满意自己；读书也少，因为颇忙。你们情形如何？甚以为念。

毛泽东

一九四一年一月三十一日

信中充分体现了毛泽东对儿子的疼爱、关心和热情教导，也表达了对儿子的殷切期望，还体现了对儿子的尊重，反映出一种崭新的父子关系。

下面再摘录2003年5月8日《光明日报》记者孙献韬访问鲁迅先生之子周海婴时周海婴的谈话，相信大家定会从中得到一些启迪。(周海婴1929年出生于上海，1950年就读于辅仁大学社会系，1952年至1960年转入北京大学物理系学习，1960年至2003年在国家新闻单位工作。)

周海婴说："父亲去世时我刚7岁，具体模样淡忘了，但在我的印象里，父亲非常慈祥，非常细心，我经常骑在父亲的背上做游戏。跟天下所有的父亲一样，他有一颗仁爱的心。"当记者问鲁迅先生是否对他有过什么期望时，周海婴说："没有，真的没有。目前社会上人们熟知的所谓鲁迅遗言，其实是他公开发表的一篇文章中的内容。父亲在文章中说：'不希望自己的儿子将来去做空头文学家，如果实在无能，就做点小事，学点手艺也能养家糊口。'对于自己的身后事，他对我和母亲（许广平）也有交代：'死了埋掉，不做悼念活动，不要收人家的钱。'对于父亲的这番话，我和母亲是有深刻领会的。""解放后，母亲成了民主党派负责人，我也进入大学学习。我的兴趣是电子工程，长期从事广电工程的规划设计工作，靠自己的努力穿衣吃饭，既没给父亲丢脸，也没有硬要去沾他老人家的光。”

当记者问“作为鲁迅先生的后代，您觉得自己有压力吗？”周海婴说：“没什么压力。相反，如果我真的像许多人想象的那样步父亲后尘，做了所谓的文学家，估计我的压力就大了，甭说根本超越不了父亲，就连现在的这点贡献也做不出来。”“‘不做空头文学家’，我想父亲的这句话至今还有其社会意义。现在这个‘家’、那个‘家’多如牛毛，数不胜数，到底有几个是货真价实的？所以我建议大家，特别是年轻人，不要着急成‘家’，多做点力所能及的事情，心里面最踏实。”

结　尾

由本书上述可知，要做一个为民奉献者，即为祖国和人民做出贡献的人，必须具有做这种人的各方面素质和才能，即确立了科学进步的世界观人生观，树立了崇高的理想信念，学习和积累了丰富的科学文化知识和技能，锻炼出了健康体魄，了解和掌握了处理人际关系的知识和技巧，以及建立和营造了一个和谐美满家庭，从而为做一个为民奉献的成功者奠定思想道德、知识才华和身体基础，创造了良好的人际环境和家庭条件。但是，有了这些还不等于你就成了一个真正的为民奉献者。要成为实实在在的为民奉献者，还必须做到以下非常重要的一点，那就是付诸实践，在实践中奋斗、拼搏，在这个过程中发挥你的聪明才智，为祖国和人民创造业绩。这就是敬业奉献。同时，要实践，要奋斗，又必须有相应的场所或岗位，正像革命需要根据地，唱戏需要戏台一样。因此，这里就有一个就业或创业问题。通过就业或自主创业而投身社会主义现代化建设实践，是敬业的前提和基础，是实现人生奋斗目标、做为民奉献的成功者的重要一步。

在我国，实行计划经济时期，人们的职业和工作单位大都是由政府主管部门安排的，很少有自由选择的机会。大学生毕业是由大学根据政府部门所制订的计划分配到各地区、部门和单位，一般需经过几次分配。现如今，自由选择职业和单位则是较普遍的现象，大学生还可以自主创业。在这“海阔凭鱼跃，天高任鸟飞”的时代，相信大家定能把握机遇，干出一番事业来，为祖国和人民做出较大贡献。

最后，还要强调的是，不管是找工作（就业），还是自主创业，都需要有爱岗敬业的精神，脚踏实地的实干精神，事业是勤勤恳恳干出来的，成就是奋斗拼搏出来的。要干一行爱一行，干好一行，不能眼高手低，好高骛远。要有顽强的意志和百折不挠的精神，要有不达目的决不罢休的决心。在这方面，我们老一辈无产阶级革命家如毛泽东、周恩来、朱德、刘少奇、邓小平等，还有无数革命先烈，都是我们学习的榜样。他们不怕困难，不怕艰苦，不怕牺牲，在为实现人生目标、为实现共产主义崇高理想而奋斗的征途中，从不畏缩、气馁、放弃，生命不息，奋斗不止，鞠躬尽瘁，死而后已。中华人民共和国成立以后，毛泽东、周恩来他们仍然保持着革命战争年代的勤奋敬业和拼命精神，夜以继日、废寝忘食地工作，甚至躺在病床上和打针的时候仍然在工作。笔者向学校领导和同志们、同学们多次说过，要向老一辈无产阶级革命家毛泽东、周恩来等学习，活到老干到老，“小车不倒只管推”，“鞠躬尽瘁，死而后已”。所以，我退休后仍坚持给同学们上了 11 年课，同时还应学校邀请，干了 10 年的视导员工作。74 岁了，还坚持带病写出了这本小书，为后继者留下了一笔精神财产。

附　作者周继东[①]诗联选

为进一步突出拙著的主题和增强其思想政治意义及可读性，书中特附上我学写的一些诗联。我一生热爱文学，包括诗词，大学毕业后还在广济县（今武穴市）余川高中教毕业班的语文10多年，所教学生的语文高考成绩均列广济县前几名，但因我不是专攻中国文学的，所学写的诗联必定有不当之处，敬请各位学人不吝赐教。

一、七律四首

七律（一）

拜颂伟人毛泽东

韶山走出一伟人，胸怀世界为万民。
马列历史都通晓，诗词书法亦精深。
党和军队他缔造，国与制度他创新。
千古伟人只一个，明君圣帝不难寻。

2020年春节于上海寓所

① “文革”时用名，意为继承毛泽东开创的伟大事业，即共产主义事业。

七律（二）

敬颂人民的好总理周恩来

人民总理人人敬，鞠躬尽瘁为人民。
革命年代出尽力，建国时期操碎心。
军队统帅之背膀①，建国领袖之良臣。
高风亮节民景仰，优秀品德传后人。

2020年春节于上海寓所

七律（三）

敬赞中共“一大”代表和立国治国领导人董必武②

黄冈出了一贤人，必武乃是他大名。
中共建立当代表，革命取胜是功臣。
治理国家献良策，担任主席显才能。
德高望重民敬仰，千古流芳在华庭。

2020年春节于上海寓所

七律（四）

赞颂鲁迅先生

我们前辈周树人，鲁迅则是他笔名。

---

①“背”一般是用“臂”字，我在此用“背”字，是为了突出周总理在中国革命及建设方面所作的贡献。

②董必武是黄冈市红安县（原黄安县）人，曾任中华人民共和国主席。

一身正气民敬重，硬骨精神领袖声。①

横眉冷对千夫指，俯首甘为孺子牛。②

虽未戴上党员帽，实则真正马列人。③

2020年春节于上海寓所

二、新诗一首

恭颂革命先行者、中国国民党缔造者孙中山先生

民主革命先行人，中山乃是他大名。

革命一生不气馁，愈挫愈坚令人敬。

关键时刻改组党，三大政策显英明。

联俄联共助农工，革命自此气象新。

中共继承他遗志，革命胜利新国生。

中国人民已站起，东方巨龙翻了身。

有了中共来领导，复兴美梦必成真。

---

① “领袖声”：毛泽东对鲁迅先生评价很高，也很喜欢鲁迅先生的杂文，他的不少文章就受鲁迅杂文的影响。毛泽东赞扬鲁迅先生的骨头是最硬的，并号召广大共产党员向鲁迅先生学习。

② 此两句是鲁迅先生表明自己的志向和人生观的诗句。“千夫”指贪官污吏和反动派；“孺子”喻指人民大众和无产阶级。

③ 鲁迅先生为了更好地与贪官污吏、反动派作斗争，为了支持以毛泽东同志为代表的中国共产党所进行的革命斗争，他虽没有从组织上加入中国共产党，却以他的如匕首、投枪的笔在文化战线上与反动派作顽强的斗争，很好地配合了中国共产党所进行的革命斗争，是一位真正的共产主义战士和马克思主义者。

三、七律三首

七律（一）

恭贺恩师欧阳植梁八十大寿

欧亚大陆一善人，阳光普照众门生。
恩泽滋润如春雨，师生相处似同根。
福若东海人人羡，寿比南山个个尊。
绵连不绝子孙多，长长久久永不停。①

2019 年 12 月 9 日于黄州。

七律（二）

祝贺学兄挚友王元璋七十大寿

其一

珞珈同窗实难忘，往事历历在心房。
五载苦读求识广，三年“文革”保国昌。
同上首都瞻领袖，共赴隆中拜贤相。
离校虽近半世纪，学友情谊更纯香。

① 此诗是藏头诗，开头的 8 个字组成“欧阳恩师福寿绵长”一句。

其二

德高望重人尊敬，博学多才事业兴。

勤劳俭朴遵古训，诚实守信现真情。

所教学子多又好，科研成果丰而精。

年已古稀身健壮，定成百岁老寿星。

2013 年于黄州

四、七律四首

七律（一）

作者回首自评

周家子孙效前辈，承先启后有作为。

导师指引前途明，领袖开创事业伟。①

理家敬业成就大，爱民爱生品德美。

领导师生均肯定，回首一生不后悔。

2020 年春节于上海寓所

七律（二）

告子孙

为民受到民夸奖，为官赢得民赞赏。

为国为民献心力，理家敬业有良方。

---

① 此句指“马恩列毛”指出的道路前途光明，所开创和进行的事业是伟大的事业（共产主义事业），我辈即是沿着这条道路，干着这一伟大事业而终生不悔。

忠孝节义当继承，勤劳俭朴要发扬。

事业发达家兴旺，家富国强万年长。

2020年春节于上海

七律（三）

庆祝爱孙蒋启晨①七周岁生日

爱家爱国爱人民，孙孙子子不忘根。

启行立志高又远，晨起求学博且深。

长江后浪推前浪，命运前途胜先人。

百年不老身康健，岁岁平安乐津津。

2012年6月24日于广东英德

七律（四）

庆贺爱孙黄皓月②八岁生日

爱国爱民爱家庭，孙孙子子记在心。

皓质多才成大器，月临华府福登门。

事业家庭均发展，优秀品德都继承。

身体健壮精神好，快乐逍遥度一生。

2012年8月6日于广东英德

---

① 外孙蒋启晨，乳名晶晶（外婆所取）。此为藏头诗。

② 外孙黄皓月，乳名晓晓（外婆所取）。

五、对联六副①

永垂不朽（一）

光照世代惠子孙，
金莲万朵耀周庭。②

千古流芳（二）

大哥起中为国为民为家鞠躬尽瘁，
大嫂柳凤为长为弟为子（女）辛劳一辈。③

承先启后（三）

承先人前辈优秀思想道德作风，
启后代子孙创辉煌业绩好前程。④

贤妻良母（四）

素来具有中华民族优秀思想品德，

---

① 注：有的对联不很合乎工整平仄要求，这主要是为了就其意，而忽略其形。

② “光照”乃先父大名，“金莲”（尊姓刘）乃先母大名。父母大人的在世事迹和为人，拙著中有所表述。二老的优良品德是值得后世子孙学习发扬的。

③ 大嫂尊姓陈。大哥大嫂的为人处世，拙著中有所表述，其优秀品德值得后代子孙学习发扬。

④ 此对联根据作者之名而写。

一生珍爱祖国人民父母子女家庭。①

前程似锦（五）

期望孙女雨澄一生平安健康幸福，

祝愿大宝库库学有所成家业兴旺。②

鹏程万里（六）

期盼孙儿雨泽学有大成一生安康幸福家业兴旺，

预祝小宝好好才智过人惠泽人民为国做出贡献。③④

六、七律二首

赞万众一心，抗击新冠病毒

几个月来，在以习近平同志为核心的中国共产党的领导下，在广大共产党员的带领下，全国各族人民齐心协力，抗击新型冠状病毒，并发扬当年抗击“非典”的精神，做到了“一方有难，八方支援”、“地不分南北，人不分老幼”齐上阵，形成了万众一心、共同抗击新

---

① 此联依据妻子的大名“素珍”所写，妻尊姓程。

② 孙女大名“雨澄”，寓意如春雨一样惠及人民；“大宝”“库库”乃其乳名，分别是外婆和奶奶所取。“库库”有“金库、智库”等意。

③ 孙儿大名“雨泽”，寓意普降春雨，惠泽百姓；“小宝”“好好”分别是外婆和奶奶所取的乳名。

④ 前两副对联于2018年创作于武穴，后四副于2020年春节写于上海。

冠病毒的惊天动地的感人局面，可以断言，今天的这场没有硝烟的人民战争，也必然是人民赢得最终的胜利。

我作为新中国的人民教师，一个有40多年党龄的中共党员，深深地为这场轰轰烈烈的人民战争所感动，同时自然而然地想起了毛泽东主席当年为打一场消灭血吸虫的战争而写的《七律二首·送瘟神》的诗，因而夜不能寐，欣然命笔，步毛主席的诗韵，和了两首七律，借以歌颂我们可爱的党、可爱的人民和可爱的祖国。

其一

绿水青山不嫌多，万众一心斗毒魔。
党员团员打前阵，庶民百姓敲战锣。
医生护士上前线，的哥快递志愿多。
嫦娥欲问冠疫事，吴刚高奏凯旋歌。

其二

万紫千红春来到，世界人民齐叫好。
工人做工添力智，农民种地增欢笑。
学生学习更努力，军人为民甘涂脑。
试问毒魔应何处，自作自受进监牢。

2020年3月5日深夜于上海寓所

附：

七律二首·送瘟神

毛泽东

读六月三十日《人民日报》，余江县消灭了血吸虫。浮想联翩，夜不能寐。微风拂煦，旭日临窗，遥望南天，欣然命笔。

其一

绿水青山枉自多，华佗无奈小虫何！
千村薜荔人遗矢，万户萧疏鬼唱歌。
坐地日行八万里，巡天遥看一千河。
牛郎欲问瘟神事，一样悲欢逐逝波。

其二

春风杨柳万千条，六亿神州尽舜尧。
红雨随心翻作浪，青山着意化为桥。
天连五岭银锄落，地动三河铁臂摇。
借问瘟君欲何往，纸船明烛照天烧。

参考文献

1.《马克思恩格斯选集》，人民出版社 1972 年版。
2.《毛泽东选集》，人民出版社 1991 年版。
3.《毛泽东书信选集》，人民出版社 1983 年版。
4.《毛泽东著作选读》，人民出版社 1986 年版。
5.《建国以来毛泽东文稿》，中央文献出版社 1987 年版。
6.《周恩来选集》，人民出版社 1980 年版。
7.《邓小平文选》，人民出版社 1993 年版。
8. 刘光荣主编：《毛泽东的人际艺术》，中共中央党校出版社 1992 年版。
9. 毛新宇编著：《爷爷毛泽东》，国防大学出版社 2003 年版。
10. 张贻玖著：《毛泽东读史》，中国友谊出版公司 1991 年版。
11. 高建生著：《毛泽东：一代政治领袖》，吉林人民出版社 1993 年版。
12. 陈微主编：《毛泽东与文化界名流》，中国社会科学出版社 1993 年版。
13. 陈晋主编：《毛泽东读书笔记解析》，广东人民出版社 1996 年版。
14. 埃德加·斯诺著：《西行漫记》，生活·读书·新知三联书店 1979 年版。
15. 张贻玖著：《毛泽东批注历史人物》，鹭江出版社 1993 年版。

16. 金冲及主编：《周恩来传》，人民出版社、中央文献出版社 1989 年版。
17. 任蓝主编：《人际你我他》，湖北人民出版社 1998 年版。

后　记

我自1970年7月从武汉大学毕业后一直在教育战线工作。在余川高中工作十几年间，我只是埋头搞教学工作，没有搞学术研究。我做点学术研究是从1986年在中共黄冈地委（今黄冈市委）党校开始的。到了黄冈师专（今黄冈师范学院），由于搞教学工作的需要和学校对科研工作的重视，也由于评职称的压力，我加大了搞学术研究的力度。我除结合所教课程如世界近代史、世界现代史、中国近现代史、中国革命史、黄冈地区革命史、毛泽东思想等撰写了30多篇论文外，也努力搞点系统深入的专题研究，如毛泽东和毛泽东思想研究、毛泽东读史鉴史用史研究、鄂东近代现代革命史研究、为人处世问题研究等，先后公开出版了《鄂东近代革命史简编》（主编）、《中国现代风云纪实》（副主编）、《毛泽东廉政思想研究》（独著）、《毛泽东读史鉴史用史》（独著）、《为人处世的学问与艺术》（第一作者）等书。这些书都受到读者，包括专家学者、党政干部、教师和学生的好评。

退休之后我一方面继续担任学校3门课的教学工作和学校的视导员工作，另一方面挤出时间对我一生所走过的道路及积累的经验和教训进行总结和提升，使之上升到理论的高度，同时总结古今中外多方人士在做人处世方面的成功经验及他们所走过的人生道路，以及中国古今思想家和成功人士在这方面的研究成果，力争系统全面深入地阐述人生道路问题。笔者奢望能给我们的子孙后代提供一条为民奉献、有所作为的正确人生道路，如果我的这一愿望因这本小书的面世而得以实现，那我就太高兴了，难以言表。

在这本小册子与尊敬的读者见面之时，我首先要感谢黄冈师范学院党委书记王立兵同志，校长、党委常委陈向军同志和党委常委、组织部长王锋同志，以及学校党政办公室宋文生主任及张章、张扬等领导同志，宣传部余艳军部长等及发展规划处、科技处、教务处、离退休处的主要领导同志，还有支持我出版此书的学校其他单位的中层领导和政法学院、马克思主义学院的居继清书记、李红卫院长和汪季石书记、周青鹏院长以及陈娟老师等。学校王书记、陈校长和王部长还在百忙之中为我撰写此书出谋献策，提出了许多宝贵的意见，我深致谢意。我的得意门生、中国百强企业之一的湖北祥云化工有限公司党委书记、董事长胡华文在繁忙之中挤出时间为小书作序，我深受感动，特表示衷心感谢。我的得意弟子、黄冈市广播电视台新闻部主任汪志俊为我这本小书的出版花了大量心力，在百忙之中挤出时间帮助修改书稿，与武汉大学出版社编辑聂勇军同志联系商讨相关出版事项等，为本书的面世立下了很大的功劳，在此表示衷心的感谢。毕业后留校工作的曾祥斌同学，因在笔者的身边，多年来在工作、生活等各方面关心照顾我，这次撰写出版小书也为我提供了不少帮助，特在此一并表示诚挚的感谢。我的另一位好学生徐秉国为小书的出版联系出版社，费了不少辛劳和时间，亦致以谢意。武汉大学出版社领导如游径海主任、编辑聂勇军同志为本书的出版做了大量工作，尽心尽力，很好地保证了本书的质量，在此深表谢意。我还要特地感谢政法学院党政办公室主任陈明华老师和政法学院、马克思主义学院的学生高永帅、伍永辉、龚慧等，他们为本书的面世做出了较大贡献，付出了许多辛劳。最后，我要感谢我的夫人程素珍老师，她为我撰写出版此书从物质、精神方面提供了积极支持，做出了特殊贡献。

政法学院、马克思主义学院

周启先

2019年9月19日于黄州